U0025301

天下文化

BELIEVE IN READING

等閒識得東風面

當亞當·史密斯遇見孔子

孫震 著

勝日尋芳泗水濱
無邊光景一時新
等閒識得東風面
萬紫千紅總是春

目錄

序

黃俊傑（文德書院院長、台灣大學特聘講座教授）

一

《等閒識得東風面：當亞當．史密斯遇見孔子》這部論文集，是台灣大學前校長孫震教授繼《孔子新傳：尋找世界發展的新模式》（天下文化，二〇二一）之後，另一本有關孔子（西元前五五一－四七九）的新書，也是他在儒學領域的第七本著作。承蒙孫校長好意，將新書書稿交我先拜讀，並指示我試撰閱讀心得作為本書序文。孫校長較我年長一輪，今年已臻九十嵩壽，仍每週一日轉兩趟捷運來台大的研究室讀書寫作不輟，凡有知者莫不景仰，我以篤敬之心拜讀全書數過，寫下這一篇文字，以就教於孫校長及本書讀者諸君子。

二

孫校長這部新書由五篇獨立論文所組成，各文析論主題從孔子、亞當・史密斯（Adam Smith, 1723-1790）、中華文化到蔣經國（一九一〇－一九八八）與李國鼎（一九一〇－二〇〇一），看似互不相關，散錢無串，但是各篇都在不同程度之內呈現孫校長長期的中心關懷，才能使各篇的蹄涔之水匯入大海，不至於如遊騎之忘歸，迷失其宗旨。這項中心關懷就是：**儒家價值觀如何與近代西方文化與思想互動，並引領二十一世紀世界的永續發展？**我推測這個大問題是孫校長畢生心魂所繫的問題，在他已發表的六本以儒家思想為題的著作中時時呈現，而在本書以及《儒家思想在21世紀》（天下文化，二〇一九，此書有日譯本：《21世紀の儒家思想》，福岡：集広舍，二〇二一）等兩書中，表現最為深切著明。在這個中心關懷之中，潛藏著孫校長的文化立場，這個立場主張儒家思想與近代西方思想可以互相發明，兩者是相輔相成的關係，而不是光譜兩端之對抗關係。換言之，孫校長所採取的並不是二十世紀初葉英國詩人吉卜林（Rudyard Kipling，一八六五－一九三六）詩中，「東是東，西是西，東西不相逢」（"East is East and West is West, and never the twain shall meet"）（見 Rudyard Kipling, "The Ballad of East and West"，收入 *Rudyard Kipling's Verse*, Garden City, NY: Doubleday, 1940, pp. 233-236）的偏執之見，而是南宋儒者陸九淵（象山，一一三九－一一九二）的「東海有聖人出焉，此心同也，此理同也。西海有聖人出焉，此心同也，此理同也」（陸九淵，《陸九淵集》，卷三三，〈象山先生行狀〉，台北：里仁書局，一九八一，頁三八八）的宏觀視野，孫校長心魂之所繫在於東西海聖人心同理同之處，所以他在《孔子新傳》中時時以現代經濟學家如顧志耐（Simon Kuznets, 1901-1985）深叩孔子；他在這本書中，更是致力於孔子與亞當．史密斯的對話與會通。

孫校長所持守的文化立場，如果置於二十世紀中國知識分子論中西文化互動的歷史背景之中，就可以更明確的彰顯其定位。二十世紀中國知識分子在三〇及四〇年代，爆發「中國本位文化論」與「全盤西化論」的論戰。關於「中國本位文化論」，可以一九三五年一月十日王新命等十位教授所發表〈中國本位的文化建設宣言〉為代表，〈宣言〉主張說：「中國是中國，不是任何一個地域，因而有它自己的特殊性。同時，中國是現在的中國，不是過去的中國，自有其一定的時代性。所以我們特別注意於此時此地的需要，就是中國本位的基礎」（王新命等，〈中國本位的文化建設宣言〉，《文化建設》第一卷第四期，收入《中國本位文化討論集》，台北：帕米爾書店，一九七七，頁九－一六，引文見頁一三）。「中國本位文化論」者強調中國文化的特殊性與時代性。關於「全盤西化論」，可以陳序經（一九〇三－一九六七）為代表。陳序經的《東西文化觀》與《中國文化的出路》二書（中國人民大學出版社，二〇〇四）是代表著作。陳序經批判當時的復古派與折衷派的文化論述，主張中國必須全盤採用西洋近代文化，才能開啟新局。兩種文化觀在上世紀三〇年代交鋒激烈，但是，兩者論述雖然南轅北轍，形同水火，卻有異中之同，就是雙方都主張文化是中國問題的根本之所在，例如梁漱溟（一八九三－一九八八）主張「中國政治上出路，經濟上出路，不得離開他那固有文化的出路」（梁漱溟，《朝話‧年譜初稿》，台北：龍田出版社，一九七九，頁一四四），陳序經說「中國的問題，就是文化的問題」（陳序經，《東西文化觀》，〈緒論〉，頁一）。孫校長這本新書所採取的文化立場，與一九三〇年代以降許多中國知識分子的立場非常相近，都肯定「文化」領域相對於「政治」、「經濟」、「社會」領域的優先性與根本性。

從一九三〇年代以降，關於中國文化的論述，還有另外一個發展趨勢，這就是余英時（一九三〇－二〇二一）先生所指出的：中國近代思想史是一段激進化（radicalization）的過程，戊戌變法時期的維新主義者，「五四」時代的自由主義者，或稍後的社會主義者，都把中國的文化傳統當作「現代化」最大的敵人，而且思想發展日趨激進（余英時，〈中國近代思想史上的激進與保守〉，收入氏著，《猶記風吹水上鱗》，台北：三民書局，一九九一，頁一九九－二四二）。在這種歷史脈絡中，孫校長這本新書的特色就豁然彰顯。孫校長不走一九三〇年代以來「激進化」的論述進路，他重視在中西文化之間執兩用中，會通中西，並且強調社會誘因制度的建立，才能使每個人在追求私利的過程中，可以完成利他的社會全體之目標。孫校長這一部書所採取的是折衷中西、會通古今的思路。

孫校長這一部書在安排孔子與亞當．史密斯對話時，也取兩者之大同而遺其小異，他在二〇〇三年就已經強調：「人有利己之心，也有利他之心。〔……〕孟子主張擴大利他之心，以建立一個有愛心、有公義和禮讓的理想社會。荀子主張節制利己之心，以達到同樣的目的。史密斯則主張發揮利己之心，但以公正和仁慈來平衡。」（孫震，《人生在世：善心、公義與制度》，台北：聯經出版，二〇〇三，〈自序〉，頁ii）他致力於擷取中西思想之同調，申論其在二十一世紀的新意義。孫校長這種思想取徑，在近代思想史上也別具特色。正如張灝（一九三七—二〇二二）先生所指出：近代中國與西方文化的接觸，不僅為中國思想注入了新的思想與價值，而且也強化了中國思想傳統中早已存在的「普遍主義」（universalism）

與「特殊主義」（particularism）兩種思維取向之間的緊張性（Hao Chang, *Chinese Intellectuals in Crisis: Search for Order and Meaning, 1890-1911*, Berkeley and Los Angeles: University of California Press, 1987, pp. 186ff），但是孫校長在本書以及其他著作中的論述，跳出了強調中華文化特殊性與獨特性的「特殊主義」舊思維，他採取「普遍主義」視野，他不將東西海聖人心同理同之處，誤認為是南北海之「風馬牛不相及」（《左傳・僖公四年》），他努力開發儒家思想的普世價值與現代意義。

「當亞當・史密斯遇見孔子」，這樣的場景必然面對「古今之別」與「中西之分」的爭論，而且「古今之別」常常被誤認為「中西之分」。孫校長在這本書各篇論文中所採取的論述策略，就是從二十一世紀新視野，盱衡孔子與亞當・史密斯思想的「現代相關性」（contemporary relevance）。孫校長在〈自序〉以及第一篇論文中，特別闡釋孔子思想在二十一世紀的新意義，他指出從孔子開始儒家思想重視倫理的優先性、具有「王道」或和平的世界觀，而且開啟動態平衡的人生觀，對於二十一世紀世界環境所面臨的汙染、地球暖化、氣候異常、生態系統失序、生物滅絕、人類前途岌岌可危的危機，都具有新啟示。本書第三篇論文申論中華文化、永續發展與世界和平，融入他對近年來中美關係變化與世界局勢的思考，申論儒家思想可以與亞當．史密斯互相發明，為世界和平帶來希望。

孫校長以上的中心關懷及其文化立場，可以溯及他作為一位參與台灣經濟建設的老兵對近代西方文明發展的觀察，他在二〇一一年說：

> 源自西方的現代經濟成長和中國傳統儒學看起來南轅北轍，為什麼可以放在一起？因為以自利為誘因的現代西方資本主義雖然推動了持續的經濟成長，但正面臨兩項重大危機，一是道德危機、一是資源與環境危機。〔……〕這兩方面都是資本主義經濟制度難以防制的弊端，唯有中國傳統儒學重視倫理與精神生活，以及節用惜物的生活態度可以加以匡正。（孫震，〈自序：經濟成長的省思〉，收入氏著《現代經濟成長與傳統儒學》，台北：

三民書局，二〇一一，頁一－二。）

他在二〇一八年又說：

以資本主義經濟與民主政治為主要內涵的現代西方文化，隨著全球化普及世界各國，由於鼓勵個人追求財富、權利和自由，雖然成效卓著，然而其對經濟永續發展與社會和諧安定的不利影響也日漸顯現，需要儒家重視倫理、義務與責任的思想來救贖。（孫震，〈自序：大家讀《論語》〉，收入氏著《半部論語治天下：論語選譯今釋》，台北：天下文化，二〇一八，頁三七。）

孫校長認為近代西方資本主義文化的病象，也深刻地影響海峽兩岸華人社會，他說：「晚近社會文化日愈走上西方個人主義、功利主義、成就導向的方向，去儒家傳統克己復禮、修己愛人、修己以安百姓的理想日遠，很多人追逐功名利祿，膨脹自己的權利，不顧倫理，造成今天社會上的亂象，致使投資卻步，經濟成長遲滯，失去了往日的活力。我認為海峽兩岸都應以儒學傳統改造西方過於強調個人利益的功利文化，立志以此影響世界，並進一步帶動世界發展的方向。」（孫震，〈自序：凡事盡心〉，收入氏著《世事蹉跎成白首》，台北：九歌出版社，二〇一四，頁一六。）他主張儒家思想可以救濟西方近代資本主義文化之弊端。

所有的孫校長著作的讀者，心中不能免於一項疑惑：孔子與儒家思想是將近三千年前的歷史殘渣，何以能對治近代資本主義文化的沉痾？孫校長這種意見是否陷於「時代錯誤的謬誤」（the anachronistic fallacy）？面對這個深刻的質疑，孫校長提出亞當・史密斯作為中西思想的中介者，他在二〇一六年就指出：

> 十八世紀後期以來技術不斷進步，配合資本主義經濟制度，帶領世界進入現代成長階段。持續的技術進步與資本累積使勞動

> 生產力不斷提高，不斷提升社會最大可能的產值，因此社會思想鼓勵個人追求財富，使社會的總產值與人均產值增加。這時的代表人物是蘇格蘭的哲學家、現代經濟學之父亞當・史密斯（Adam Smith）。（孫震，〈自序：讓倫理先於利益，責任先於權利〉，收入氏著《儒家思想的現代使命：永續發展的智慧》，台北：台大出版中心，二〇一六，頁 vii-viii。）

他認為，經過亞當・史密斯的接棒，儒家價值就比較容易融入現代並矯治資本主義文化的沉痾。我認為孫校長這項倡議獨具慧眼，亞當・史密斯雖然是兩百多年前的思想家，但是他的思想在二十一世紀仍具有極大的「現代相關性」，就在今（二〇二三）年六月十四日，法國全國約五十三萬名高中三年級學生參加的哲學考試筆試試卷，在文本分析試題中，就要求考生解釋亞當・史密斯所著《道德情操論》中節選段落之涵義。

那麼，何以本書第四、第五章聚焦光復後台灣的經濟發展與社會倫理呢？孫校長於二〇一一年在一場學術研討會上，評論我的論文時曾說：

過去六十年台灣在經濟發展方面有很好的成就，在政治民主方面也有很多進步。不過社會文化日愈走上西方個人主義、功利主義、成就導向的方向，和儒學傳統克己復禮、修己愛人、修己以安百姓的理想相去日遠。很多人追逐功名利祿不顧倫理，造成今天社會上的亂象。

所幸文化的基調仍然是以儒家倫理為中心的傳統思想。這種思想深入民間，不可動搖，成為台灣社會安定的力量。我想海峽兩岸都需要以儒學傳統改造西方過分強調個人利益的功利文化，立志以此帶領世界發展的方向。（孫震，〈情繫台灣〉，收入氏著《世事蹉跎成白首》，頁一四六－一四七。）

孫校長畢生如孟子（西元前三七一－二八九？）所說，既「心援天下」又

「手援天下」（《孟子．離婁上．17》），在台大經濟系作育英才無數，又曾借調出任行政院經建會副主委、政務委員、國防部長、工業技術研究院董事長等，親身參與並見證戰後台灣經濟發展，所以，他從戰後台灣經驗出發思考儒家與二十一世紀，毋寧是事所必至，理所當然。本書第四、第五章論述戰後台灣經驗中兩位重要的歷史人物：蔣經國與李國鼎，入木三分，因為本書作者不僅是一位台灣經驗的研究者，也是一位深度參與者，所以這兩篇論文的寫作，展現了既「出乎其外」（etic）又「入乎其內」（emic）兩種不同視域的完美融合。戰後台灣經驗對孫校長來說，並不是一件有待現代經濟學家加以解剖的「木乃伊」，而是一座可以走入其間並與當時歷史人物親切對話的典藏豐富的圖書館。所謂「觀書不徒為章句」者，此之謂也。

但是，「儒家思想在二十一世紀具有新啟示」這一類的提法，並不是一項不證自明的命題。本書的讀者可以質疑：這項命題所指涉的是儒家思想的「可欲性」（desirability），而不是儒家思想在二十一世紀的「可行性」（feasibility）。孫校長在本書〈自序〉中，提出儒家的「禮」可以做為二十一世紀人類永續發展的社會誘因制度，他說：

作為倫理的社會支援體系，禮是一種社會誘因制度。〔……〕在儒家的價值系統中，倫理優先於富貴，所以以仁義加以誘導，以法律予以約束。品德好的給他尊貴的地位，俸祿多的給他恩寵和榮耀，如此利用個人追求仁義、富貴、榮耀的動機，將每個人追求人生目標的努力組織起來，達到社會全體的目的。這個社會全體的目的在孔子時代是和諧、安定，在今天二十一世紀，則包括永續發展與世界和平。〔……〕進入現代成長時代，工商業發達，社會結構的中間組織擴大，如何形成健全的社會誘因制度，讓個人的目的與全民的福祉一致，不為任何特殊階級所操縱，應為研究儒家思想在二十一世紀最重要的課題。（本書〈自序：萬紫千紅總是春〉）

孫校長早在一九八四年就提出建設「富而好禮」社會的倡議（孫震，《邁向富而好禮的社會》，台北：天下文化，一九八四），他當時的倡議，可能是針對一九七〇年代台灣經濟起飛以後，所出現的社會亂象而發，所謂「夫子有為言之」者是也。孫校長提倡「富而好禮」，可以比擬於清儒淩廷堪（次仲，一七五五－一八〇九）所撰〈復禮〉三篇。淩廷堪說：「夫人之所受於天者，性也。性之所固有者，善也。所以復其善者，學也。所以貫其學者，禮也。」（淩廷堪，《校禮堂文集》，北京：中華書局，一九九八，卷四，〈雜著一．復禮上〉，頁二七－二八）。淩廷堪所提出的攝「仁」歸「禮」說，正是針對十八世紀中國江南商品經濟勃興、社會風氣奢靡而「有為言之」。孫校長在本書則更詳細地闡釋他心目中儒家的「禮」，可以作為二十一世紀的社會誘因制度。他這種想法主要是受到亞當．史密斯的啟發，他說：

史密斯說，文明愈發達，親情愈疏遠。家人之間的親情是否真如史密斯所說，我不是很確定，不過因此卻讓我開始重視社會制度對維繫人際關係的重要意義，也因此賦予儒家的禮更積極的社會任務。我們雖然希望人人為君子，將倫理放在自利前面，但是也應建立起倫理的社會支援體系，讓重義輕利的人，不會長期受到傷害，以維持社會的正義和秩序。（本書〈自序：萬紫千紅總是春〉）

他主張將「禮」作為二十一世紀的一種「社會誘因制度」，發揮史密斯所謂「看不見的手」的作用，使人類的「利己」與「利他」的動機獲得平衡，創造社會整體的福祉。

如果將孫校長的「禮」學新詮，放在儒家思想史脈絡中，就可以看到孫校長的「禮」學新解，基本上走的是荀子（約西元前三一三—二三八）的思路。從春秋時代（西元前七七〇—四七六）開始，所謂「禮」主要是在(1)政治脈絡與(2)社會脈絡中被使用。《左傳．僖公十一年》：「禮，國之幹也。」《左傳・隱公十一年》：「禮，經國家，定社稷，序民人，利後嗣者也。」《禮記・禮運》：「禮者君之大柄也，所以別嫌明微，儐鬼神，考制度，別仁義，所以治政安君也。」《禮記・經解》：「禮之於正國也，猶衡之於輕重也，繩墨之於曲直也，規矩之於方圓也。」《左傳・昭公二十六年》：「君令臣共，父慈子孝，兄愛弟敬，夫和妻柔，姑慈婦聽，禮也。」凡此種種言論所說的是指「禮」在政治與社會所發揮的作用。北宋史學家司馬光（一〇一九－一〇八六）評周威烈王二十三年（西元前四〇三），韓、趙、魏三家分晉這件史實說：「臣光曰：臣聞天子之職莫大於禮，禮莫大於分，分莫大於名。何謂禮？紀綱是也。何謂分？君、臣是也。何謂名？公、侯、卿、大夫是也。」（見司馬光撰，胡三省注，章鈺校記，《新校資治通鑑注》，台北：世界書局，一九七〇，卷一，〈周紀一〉，威烈王二十三年，頁二－三），更是在政治脈絡中強調「禮」能使上下相保、國家平治。除了政治脈絡，古代思想家論「禮」的第二個脈絡，就是社會脈絡，可以荀子為代表，《荀子・禮論》說：

禮起於何也？曰：人生而有欲，欲而不得，則不能無求。求而無度量分界，則不能不爭；爭則亂，亂則窮。先王惡其亂也，故制禮義以分之，以養人之欲，給人之求。使欲必不窮乎物，物必不屈於欲。兩者相持而長，是禮之所起也。

荀子這一段話，論「禮」之起源在於使人欲獲得分界，以達到不爭之境界。孫校長在本書中倡議以「禮」作為「社會誘因制度」，使人在追求「私利」中達到全社會之「公利」，他的「禮」學新說可以視為荀子「禮」學的二十一世紀新詮釋，別具時代意義。

三

在探索了孫校長的中心關懷與文化立場之後，現在我想就本書各章所觸及較為重大的問題，略加疏解，以作為讀者閱讀本書之參考。

首先，本書字裡行間洋溢著孫校長對世局阢隉、輿圖換稿的憂心與中國崛起的關懷，尤其表現在本書第三章〈當亞當・史密斯遇見孔子——中華文化、世界和平與永續發展〉這一篇。孫校長從亞當・史密斯在《國富論》中論及中國的富庶與五百年來未有改變等觀察開始，回顧西方世界從工業革命開始發展出資本主義、帝國主義、殖民主義，也激起亞、非、拉各地百年以上反帝反殖民的抗爭。亞當・史密斯所處的十八世紀歐洲，正是對中華文化充滿想像，「尚華風」（chinoiserie）席捲歐洲的時代。十八世紀歐洲啟蒙時代的哲士（philosophes）想像中華帝國為聖君賢相所統治，對中華文化不勝其嚮往之情（參看 Walter W. Davis, "China, the Confucian Ideal, and the European Age of Enlightenment," *Journal of the History of Ideas* 44, no. 4, Oct.-Dec. 1983, pp. 523-548）。我在三十多年前曾與友人遊德國波茲坦忘憂宮（Schloss Sanssouci），這是十八世紀普魯士國王腓特烈二世所建，其中有一座中國樓，顯示十八世紀歐洲的王公貴族想像的中國情懷，印象深刻。十八世紀歐洲思想家如伏爾泰（Voltaire, 1694-1778）對中華文化頗為稱讚，亞當．史密斯與伏爾泰相識並有交遊，他對中國的正面意見，也有可能受到伏爾泰的影響。

孫校長對二十一世紀世局與中國崛起提出以下的觀察，他說：

> 一九八〇年代以來的全面全球化，中國大陸以罕見的快速成長，三十年間，按美元匯率計算的GDP超越法國、英國、德國和日本，如今已成為僅次於美國的世界第二大經濟體，並為世界最大的製造國和出口國。根據國際貨幣基金（International Monetary Fund, IMF）的預測，從二〇〇〇年到二〇二四年，先進經濟體（advanced economies）按購買力平價（PPP）計算的產值占世界總產值的百分比，將從五七％減少到三七％，中國從七％增加到二一％，亞洲其他新興經濟體將占三九％，美國則只占一四％。雖然中國之人均GDP仍遠低於美國，但仍引起美國的疑懼。（本書第三章〈當亞當．史密斯遇見孔子〉）

又說：

美國在既得利益和霸主地位面臨挑戰時，露出西方傳統的猙獰面目，採取損人以求利己的政策。讓我引用孟子的一句話：「終亦必亡而已矣！」「必亡」不是說滅亡，而是終將失去其想得到的利益。

科技進步、經濟成長，是西方文化的貢獻。過去兩百多年，通過全球化形成今天世界各國互相依存、共同發展的體系。然而它的可持續發展有待加入中華文化的元素，其中最重要的就是仁。（本書第三章〈當亞當．史密斯遇見孔子〉）

孫校長以上這兩段對世局的衡論，核心關鍵就是二十一世紀中國的崛起。在中國與世界各地知識分子心魂中，「中國」是一種鄉愁，是一種「召喚」（社會學大師韋伯〔Max Weber, 1864-1920〕所說的「calling」），更是一種願景。十一世紀的石介（一〇〇五—一〇四五）撰〈中國論〉，主張「居天地之中者曰中國，居天地之偏者曰四夷。四夷外也，中國內也」（石介，〈中國論〉，收入石介著，陳植鍔點校，《徂徠石先生文集》，北京：中華書局，二〇〇九，卷十，頁一一六）。但是十七世紀，日本的山鹿素行（名高興、高佑，一六二二—一六八五）則宣稱「以本朝（指日本）為中國之謂也」（山鹿素行，《中朝事實》，收入廣瀨豐編，《山鹿素行全集：思想篇》，東京：岩波書店，一九四二，上冊，第十三卷，〈皇統・中國章〉，頁二三四）。二十世紀日本漢學家、中國史研究「京都學派」創始人內藤湖南（一八六六—一九三四），在一九一四年發表〈支那論〉，一九二四年又撰〈新支那論〉（兩文均收入《內藤湖南全集》，東京：筑摩書房，一九四四），頗有為中國的動向指點江山的意味。一九二二年英國哲學家羅素（Bertrand Russell, 1872-1970）發表《中國問題》（*The Problem of China*）一書，對中國底層社會的韌性觀察細膩。一九二〇年代，台灣左派與右派知識分子，在《台灣民報》

也爆發「中國改造論」的辯論。一九四三年羅夢冊（一九〇六－一九九一）出版《中國論》一書，提出「中國」作為「天下國家」的願景。二〇一一年美國前國務卿季辛吉（Henry Kissinger, 1923-）發表《中國論》（*On China*），回憶他的中國外交經驗。作為思辯議題的「中國」，一直是千年來知識分子心魂之所繫。「中國再起」這個議題在近二十多年來，更是深受國際知識界重視。一九九八年美國的《外交事務》（*Foreign Affair*）期刊就將該刊諸多探討這個問題的文章，編成《中國的崛起》專書（Nicholas D. Kristof et al. eds., *The Rise of China*, Council on Foreign Affairs Inc., 1998），二〇〇九年也有人以聳人聽聞的書名「當中國統治世界」（Martin Jacques, *When China Rules the World: The End of the Western World and the Birth of a New Global Order*, New York: Penguin, 2009）撰寫專書，申論中國作為一個「文明國家」（civilization state）的性質，遠過於作為「主權國家」（sovereign state）的性質。二〇一四年葛兆光出版專書論述「中國」的歷史形成與認同困境（葛兆光，《何為中國？疆域、民族、文化與歷史》，香港：牛津大學出版社，二〇一四）。二〇一七年張崑將主編論文集，從東亞視域中探討「中華」意識之發展及其「脈絡性轉換」（張崑將編，《東亞視域中的「中華」意識》，台北：台大出版中心，二〇一七）。二〇一八年吳玉山主編論文集，從中國史視野析論中華帝國之國際關係（吳玉山編，《中國再起：歷史與國關的對話》，台北：台大出版中心，二〇一八）。瑞典的皇家文史與考古研究院（The Royal Swedish Academy of Letters, History and Antiquities）最近也出版《什麼是中國？》論文集（Torbjörn Loden ed., *What is China? Observations and Perspectives*, 2023）。孫校長在這本書第三章，所探討的正是當前國際智識界最受人矚目的課題。

針對二十一世紀「中國再起」這個重大課題，孫校長提出他的主張：

> 如今中國崛起，積極在世界體系中尋求一席之地，凡爾賽的前車之鑑提醒我們，領導者應大度能容，將新興勢力納入體制之內，做出正面貢獻，而非加以排斥，迫其另闢路線，形成對立。

他認為美國應大度能容，將崛起中的中國納入世界新秩序。這樣的意見，與季辛吉的看法頗為接近。百歲高齡的老政治家季辛吉在今（二〇二三）年五月接受《經濟學人》（*The Economist*）期刊專訪，認為人類的命運決定於美國與中國能否和睦相處（"How to Prevent a Third World War", *The Economist*, Vol. 447, Issue 9347, May 20, 2023, pp. 19-22.）。當前國際政治的觀察者多半是從政治經濟學或地緣政治學角度，思考「中國崛起」這個課題，但孫校長則是從「中華文化的當代使命」（本書第三章第五節）這個角度切入思考，他認為在二十一世紀旋乾轉坤、國際秩序重組的新時代中，必須特別重視全球共存共榮體系的可持續發展，因此必須加入中華文化元素如儒家核心價值「仁」、「義」與「禮」。他認為儒家的「君子」就是史密斯所說兼融「審慎」（prudence）、「公平」（justice）與「仁慈」（beneficence）三種美德的完美人格。他認為「中華文化重視仁、義，關懷眾生，不以強凌弱，不以眾暴寡，所體現的和平氣象，則是當前世界經濟一體永續發展最需要的條件」。

孫校長對二十一世紀世局的展望，充滿悲天憫人的胸懷，這樣的祈嚮有賴於中華傳統文化特別是儒家價值理念，在經歷過二十世紀的動盪之後，能完全重返並落實於中華大地，才能矯治近代資本主義文化的病灶，引領人類的永續發展與世界和平。

其次，本書所觸及的另一個極具有現代意義的問題，就是本書第五章所論李國鼎先生生前所提倡的「第六倫」。孫校長回憶他與李國鼎推動「第六倫」，他說：

多年來我追隨李國鼎先生推行他所倡議的第六倫或群我倫理，深感五倫之間有互惠的關係，群我之間往往只是片面的盡責，得不到社會的回饋。倫理的普遍實踐需要有良好的社會制度支持，這就是孔子的禮，至少要有亞當・史密斯的法規制度。禮使善有善報，惡有惡報，法規制度可以保障自己的權益，讓人樂於遵循倫理的要求。有鑑於此，上個世紀九〇年代，許士軍和我的努力，漸從推行群我倫理向提倡企業倫理的方向轉移。

「第六倫」這個價值理念之所以特別重要，主要是我們所處的社會結構的改變。用十九世紀法國社會學大師涂爾幹（Émile Durkheim, 1858-1917）的話來說，就是「社會連帶」（social solidarity）的基礎已經從人與人的相似性，轉成人與人的差異性，所以與我們互動的大多數人，都是與我們沒有關係的陌生人。這是從傳統社會到現代社會必然的轉變，這項轉變所涉及的問題甚多，其中最大的就是「公」「私」領域的分際問題。

在東亞思想史中，「公」「私」問題有其豐富的討論，東亞各國思想家基本上將公領域與私領域的關係，視為不斷展開的同心圓。但是，在現實生活中公領域與私領域所要求的德行，終不免時有衝突，這就是李國鼎於一九八一年三月份在中國社會學社演講中所指出的：人如果只重視「五倫」，常常會傷害與自己無特定關係者的利益。李國鼎在〈經濟發展與倫理建設：第六倫的倡立與國家現代化〉一文中，也指出：「一個社會如果過分重視五倫，第六倫不彰顯，則遵守五倫可能成為違反第六倫的理由。」

傳統東亞思想家面對公私領域之責任的衝突時，常訴諸「天理」或「天下」之類更具普遍性的概念，試圖解決這種衝突。但是，前近代的「天理」或「天下」概念的解釋權，卻很容易被掌握權力的人所掌控，而使居於社會底層的勞苦庶民哀苦無告，這就是十八世紀的戴震（東原，一七二四—一七七七）在《孟子字義疏證》（成書於一七七七年）一書中，所痛心抗議的「以理殺人」的現象。在以上思想史背景中，我覺得李國鼎先生所提倡的「第六倫」，以及孫校長在本書中所提倡作為「社會誘因制度」的「禮」，就深具新時代的啟示與意義。

李國鼎與孫校長所建設的是一條通往「**化私為公**」的道路，這一條道路與亞當·史密斯的思想若合符節，亞當·史密斯在承認人天生是自私的動物的前提之下，致力於使人與人在競爭之中，通過個人的自私而促進社會公共的利益。南宋大儒朱子（晦庵，一一三〇—一二〇〇）的「仁」學論述特重「公」之一字，朱子說「公是仁底道理」（黎靖德編，《朱子語類》，卷六，〈性理三．仁義禮智等名義〉，收入《朱子全書》，上海：上海古籍出版社；合肥：安徽教育出版社，二〇〇二，第十四冊，頁二五八），但是朱子並未提出一套通往「公」的道路之論述。這一條道路，十七世紀中國的顧炎武（亭林，一六一三－一六八二）有具體的分析，而且早於亞當．史密斯就已提出，顧炎武說：

> 天下之人各懷其家，各私其子，其常情也。為天子為百姓之心，必不如其自為，此在三代以上已然矣。聖人者因而用之，用天下之私，以成一人之公而天下治。夫使縣令得私其百里之地，則縣之人民皆其子姓，縣之土地皆其田疇，縣之城郭皆其藩垣，縣之倉廩皆其囷窌。為子姓，則必愛之而勿傷；為田疇，則必治之而勿棄；為藩垣囷窌，則必繕之而勿損。（顧炎武，《顧亭林詩文集》，北京：中華書局，一九八三，〈郡縣論五〉，頁一四－一五）

顧炎武生於明末清初的十七世紀，他提出通過以縣為單位的地方分權制度，以集眾人之「私」而成就大「公」，確屬難能。進入二十一世紀，國際知識界對「公共哲學」的興趣正方興未艾，前東京大學校長佐佐木毅（一九四二－）結合大量學者討論這個問題，並出版《公共哲學》叢書共十五卷（東京大學出版會，二〇〇一－二〇〇四），提出「活私開公」的二十一世紀新願景。但是李國鼎先生和孫校長經歷二十世紀資本主義社會的貪得無厭與自私自利，他們提出「第六倫」與作為「社會誘因制度」的「禮」學新詮作為化私為公的方法，不是殖民主義者動員社會資源的「滅私奉公」，而是使每一個個體以及私部門的潛力充分舒展，再經由一套作為「社會誘因制度」的「禮」，而達到「活私開公」的目標。他們的倡議特別具有二十一世紀的「當代相關性」。

本書與廣大讀者見面之時，孫校長已屆九十嵩壽，《禮記．曲禮上》云：「八十九十曰耄。」這部書是孫校長生命智慧的累積。明末四大高僧之一的雲棲祩宏（人稱「蓮池大師」，一五三五－一六一五）曾撰〈著述宜在晚年〉一文，告誡世人著述應在學思已有定見、人生閱歷圓滿之日，始能不貽誤後學。我拜讀孫校長這部新書，深深覺得他以畢生的閱歷讀入孔子、亞當·史密斯、蔣經國與李國鼎的思想與行誼之中。孫校長已從公職榮退多年，早已超越李鴻章（一八二三—一九〇一）告老後賦詩「再無朝臣稱大老」的境界，這部書是孫校長「回首向來蕭瑟處」，在「也無風雨也無晴」（蘇軾，〈定風波〉）的心境中，所撰寫的文字，我深信這部書對讀者的饒益必可預期！

黃俊傑
序於台北文德書院
二〇二三年六月一日

自序　萬紫千紅總是春

南宋高宗紹興三十一年（西元一一六一年）一個春日的午後，三十二歲的儒學中興大師朱熹，夢中來到孔子昔日講學的泗水之濱，醒來寫了一首〈春日〉：

勝日尋芳泗水濱，無邊光景一時新；
等閒識得東風面，萬紫千紅總是春。

東風是春天的風。蘇軾〈江城子．別徐州〉：

為問東風餘幾許？春縱在，與誰同！

和煦的春風吹過，百花齊放，萬紫千紅，用以比喻孔子春風化雨教誨的成果。

泗水源出山東泗水東部陪尾山南麓泉林寺，四泉同湧，故名泗水，與東北方過來的洙水合流而西，至曲阜東北二分，洙水在北，泗水在南。古曲阜建城在洙水和泗水之間，孔子居住的闕里和顏回居住的陋巷，在故城的西南一隅。不過滄海桑田，河川易道，如今泗水反在洙水之北。

孔子（西元前五五一－四七九年）的年代在春秋（前七七〇－四七六年）後期，周天子失去權威，禮壞樂崩，無力維持綱紀。朱子說：

> 周衰，王者之賞罰不行於天下，諸侯強凌弱，眾暴寡。是非善惡由是不明，人欲肆而天理滅矣。（《五經讀本．春秋三傳．綱領》）

孔子嚮往周初社會之美好、民風之淳厚，希望重建禮制，使天下歸仁，恢復文武周公之治。但他「既不得位，無以行勸懲黜陟之政」（朱子，《詩集傳・序》）。只有懷著深沉的遺憾，離開這個他所熱愛的世界；他很感慨的對子貢說：「夫明王不興，而天下其孰能宗予？予殆將死也！」（《禮記・檀弓上》）

孔子離開我們雖然已經二千五百年，但他留下的思想包含無盡寶藏，仍待我們開發。朱子說：「其政雖不足以行於一時，而其教實被於萬世。」（《詩集傳・序》）

孔子

二〇二一年四月，我的《孔子新傳：尋找世界發展的新模式》由遠見・天下文化出版，既稱「新傳」，又要「尋找世界發展的新模式」，自然有若干與前賢不同之處。這些不同之處可分三類。第一類是歷史考據不同。現在選幾個重要的例子簡單說一說。

（一）孔母徵在去世的時間，司馬遷《史記・孔子世家》繫於孔子十七歲。不過根據《禮記・檀弓上》：

孔子既祥，五日彈琴而不成聲，十日而成笙歌。

有子蓋既祥而絲屨組纓。

父母去世滿一年為小祥。從這段孔門弟子的記載，可知徵在去世當在孔子施教之後，《闕里誌年譜》以為孔子二十四歲，更可能尚在二十四歲之後。

（二）孔子去魯後第一個造訪的國家，根據〈孔子世家〉是衛國，不過更可能先到了齊國。《論語》孔子和齊景公的對話共有兩章，〈世家〉將其並列於魯昭公二十五年孔子初訪齊國與齊景公相見之時。其中〈微子・3〉：

齊景公待孔子，曰：「若季氏則吾不能，以季、孟之間待

> 之。」曰：「吾老矣，不能用也。」

孔子這年只有三十五歲，尚未出仕，聲望也猶待建立，齊景公不可能以季孫和孟孫之間的地位和俸祿給他；齊景公這時不算老，也不能自己說「吾老矣」。我們如果將這段話延後，放在魯定公十三年，孔子五十五歲，方做完魯國的司寇攝相事，就完全恰當了。而且《論語・微子・3》下面一章正是：

> 齊人歸女樂，季桓子受之，三日不朝，孔子行。

（三）孔子在匡和蒲的遭遇，根據〈世家〉，魯定公十四年孔子師徒離開衛國南下到陳國，途經匡邑被疑為陽虎加以拘留。孔子使人向寧武子求助，始得放行，又回到衛都。寧武子是衛國大夫，這時已去世多年，孔子求助的應是蘧伯玉，經蘧伯玉推荐，始與衛靈公相見。三年後，也就是魯哀公二年，孔子師徒自陳返衛，過蒲，適逢衛國剛去世的賢臣公叔文子的兒子公叔戍據蒲叛衛，強迫孔子盟誓不去衛國方才放行。孔子發誓後，仍赴衛都。不過公叔文子逝世後，公叔戍被逐出衛，是因為他企圖剪除衛靈公夫人南子的黨羽。這件事發生在魯定公十四年，公叔戍逃亡至魯，並沒有據蒲以叛。錢穆認為孔子過匡、過蒲遇難，「只是一事兩傳。」（《孔子傳》）《論語》「子畏於匡」（〈子罕〉），並無子畏於蒲一說。

（四）孔子在陳絕糧。魯哀公六年，吳伐陳，楚救陳。根據〈世家〉，陳、蔡大夫懼孔子為楚所用，對他們不利，所以派出徒役圍孔子於野。實際情形是，吳、楚爭霸，在它們兩大之間的兩個小國，陳依附於楚，蔡依附於吳。蔡國為了尋求吳國的保護，於魯哀公二年自新蔡遷於州來，稱為下蔡。新蔡在陳的南方，下蔡在陳的東南方，距離陳已經很遙遠，陳、蔡兩國大夫不可能聯合起來圍困孔子。孔子師徒只是單純的因為吳國圍陳絕糧。《論語．衛靈公》：

在陳絕糧，從者病，莫能興。

這場危機因為楚國來援得以解除，孔子去陳赴衛。

第二類是對禮的見解不同。禮是儒家思想中最被誤解，並且最常受到誤導的一個概念。禮是倫理的準則，又是倫理的社會支援體系。作為倫理的準則，禮是形式，倫理是本質。本質需要形式彰顯，但形式不能凌駕本質。

林放問禮之本。子曰：「大哉問！禮，與其奢也，寧儉；喪，與其易也，寧戚。」（《論語・八佾》）

孔子說：

人而不仁，如禮何？人而不仁，如樂何？（〈八佾〉）

孔子又說：

禮云禮云，玉帛云乎哉？樂云樂云，鐘鼓云乎哉？（〈陽貨〉）

又，古人「緣人情而制禮，依人性而作儀」，禮必須隨技術進步、經濟成長、社會結構與人際關係改變而調整，否則不合時宜，可能成為人性與社會進步的桎梏。這就是為什麼民初有人喊「禮教吃人」，要「打倒孔家店」的原因。

作為倫理的社會支援體系，禮是一種社會誘因制度。關於這一點，我最常引用司馬遷的一段話：

人道經緯萬端，規矩無所不貫。誘進以仁義，束縛以刑罰。故德厚者位尊，祿重者寵榮，所以總一海內而整齊萬民也。（《史記・禮書》）

在儒家的價值系統中，倫理優先於富貴，所以以仁義加以誘導，以法律予以約束。品德好的給他尊貴的地位，俸祿多的給他恩寵和榮耀，如此利用個人追求仁義、富貴、榮耀的動機，將每個人追求人生目標的努力組織起來，達到社會全體的目的。這個社會全體的目的在孔子時代是和諧、安定，在今天二十一世紀，則包括永續發展與世界和平。

這個社會誘因制度，在以農業生產為主的傳統停滯時代，由於資源集中於政府之手，有時為統治者所扭曲，用以達成統治階層的目的而不是人民全體的目的。進入現代成長時代，工商業發達，社會結構的中間組織擴大，如何形成健全的社會誘因制度，讓個人的目的與全民的福祉一致，不為任何特殊階級所操縱，應為研究儒家思想在二十一世紀最重要的課題。

第三類是儒家思想在二十一世紀的意義。這是研究儒家思想的學者較少討論的部分，也是儒家思想中最值得開發的一個領域。關於這一部分，我在過去兩年的一些演講中，最常談到的是儒家思想的三個特質：

（一）倫理優先的價值觀。儒家思想的核心倫理是仁，「仁者愛人」，仁是愛心的擴充與實踐，朱子並將其推廣至宇宙萬物。心存仁義，追求自己的利益才不會造成對他人、社會和自然環境的傷害，世界才有可持續發展的可能。

（二）和平睦鄰的世界觀。孔子主張，一個國家對內應平均所得分配，促進社會和諧與人民團結，對外應維持友善與和平。分配平均就不會感到貧窮，和諧團結就不怕外人侵略。「遠人不服，則修文德以來之，既來之，則安之。」（《論語．季氏》）這就是儒家以德服人不以力服人的「王道精神」。傳統經濟停滯時代，人均所得不變，侵占別的國家才能使GDP增加，國力增強。現代經濟成長時代，只需振興教育，研發科技，發展經濟，就可以使人均所得增加，人民生活水準提高，不需要窮兵黷武，讓世界安享和平。

（三）動態平衡的人生觀。子謂顏淵曰：「用之則行，舍之則藏，唯我與爾有是夫！」（《論語．述而》）君子「修己以敬」，進可以「博施濟眾」，以安百姓，退可以「簞食瓢飲」，不改其樂。人生可以進，可以止，可以退，在任何境界都可以獨立自主，安身立命，扮演理想人格的典範，也是社會安定進步的基礎。

這一切我在《孔子新傳》中想表達與前賢不同的意見，分散隱藏於四百七十頁將近十五萬字之中，可能未為讀者注意。所以我花了一點時間，摘要寫成這篇〈孔子的生平與思想〉作為本書第一章，希望簡化《孔子新傳》中的若干情節，減少文字，突顯新意，開啟後續的討論。

我在本章中增添了一處新事證，修改了一段舊情節。我增添的新事證是孟子的話：

孔子之去魯，曰：「遲遲吾行也。」去父母國之道也。去齊，接淅而行，去他國之道也。（《孟子．盡心》）

為孔子離開魯國赴衛之前先去了齊國，提出可信的文獻。我修改的舊情節是魯哀公二年衛靈公逝世，他的孫子輒繼立，逃亡在外的兒子蒯聵在晉人支持下潛入戚邑，夜晚迷路，陽虎教他渡河南行可至，蒯聵和隨從八人穿上喪服，假稱奔喪，進入戚邑。這段故事原載《左傳》魯哀公二年六月，被司馬遷寫入〈孔子世家〉。不過《春秋．魯哀公二年》的經文明明寫著：「晉趙鞅帥師納衛世子蒯聵于戚。」蒯聵怎麼會走到夜晚迷路，需要自魯逃亡至晉的陽虎指點迷津、混進戚邑呢？他是在晉國軍隊的護衛下，強行進入戚邑。由於兒子不方便討伐父親，所以到了第二年，「春，齊國夏、衛石曼姑帥師圍戚」，由老大哥齊國派出國夏偕同衛國的石曼姑率領軍隊包圍戚邑。

亞當．史密斯

第二章寫亞當．史密斯（Adam Smith, 1723-1790），史密斯一七五九年出版《道德情操論》（*The Theory of Moral Sentiments*），讓他以三十六歲之年名聞英國和歐陸，一七七六年出版《國富論》（*An Inquiry into the*

Nature and Causes of the Wealth of Nations），成為經濟學之父。

史密斯認為，人性有利己的部分，也有利他的部分。我們關心自己的利益，所以產生審慎的美德（virtue of prudence），我們也關心別人的利益，所以產生公平的美德（virtue of justice）和仁慈的美德（virtue of beneficence）。公平是不減少別人的利益，仁慈是增加別人的利益；公平必須要求，仁慈只能期待。他說：「為人如能做到恰好的審慎、嚴格的公平，與適當的仁慈，可謂品格完美矣。」

利己之心強烈，利他之心薄弱，因為利己是自身的感受，利他是自身感受的投射。不過史密斯認為，人生幸福只有小部分來自一時物質的享受，較多部分來自過去愉悅的回憶，更多來自未來美好的期待。人生需要物質的東西不多，有錢的人雖然有很多財富，但真正享受到的其實和窮人差不了太多。他說，多為別人著想，少為自己著想，節制私欲，樂施仁慈，成就人性的完美，就可以達到私心和情意的平衡，讓我們愛人如己。

史密斯的倫理觀猶如儒家。孟子說：「仁義忠信，樂善不倦，此天爵也。」不過他對家人和親情的看法則和儒家不同，孟子會對他大加撻伐吧？

史密斯認為，父子兄弟姊妹之間的親情，只是習慣性的同情和感應，由於共同生活而產生，如果子女遠離，兄弟分散，情感也隨之淡薄。在法規制度不足以周全保障人民安全和利益的農業社會，同一家族的人聚居於一處，以建立對外的共同防禦。進入現代商業社會，法規制度健全，足以保障所有人的利益，家人各自追求自己的發展，散諸四方。史密斯說，文明愈發達，親情愈疏遠。

家人之間的親情是否真如史密斯所說，我不是很確定，不過因此卻讓我開始重視社會制度對維繫人際關係的重要意義，也因此賦予儒家的禮更積極的社會任務。我們雖然希望人人為君子，將倫理放在自利前面，但是也應建立起倫理的社會支援體系，讓重義輕利的人，不會長期受到傷害，以維持社會的正義和秩序。

史密斯在《道德情操論》談利他和倫理，在《國富論》談利己和財富；他認為個人追求自利可以促進社會全體的利益。史密斯說，每個人追求自己的利益，冥冥中有一隻看不見的手，帶領我們達成社會全體的利益，並且比蓄意想達成社會全體的利益有更高的效率。

史密斯是史上第一人，為生產做出準確的定義；生產就是創造增加的價值（added value）。一個產業在一定時期所生產的價值，就是這個產業這一時期，在其所使用的物品或原料之上增加出來的價值；一個國家的產值，就是這個國家這一時期其所有產業所增加的產值之和。

企業家組織生產因素，從事生產，他在所使用的中間產品和原材料之上創造的價值，減去生產因素的報酬，包括勞動者的工資、資本的利息，和土地的租金，剩餘的部分就是這個企業應獲的利潤。生產的效率愈高，創造的價值愈大，利潤率就愈高。市場機制將社會有限的資源分配給利潤率最高的企業，使社會的總產值最大。生產因素的所有主，將其所擁有的生產因素，使用於報酬率最大的用途，使他們的所得最高。自利和公益一致，為資本主義經濟追求自利取得道德上的正當性。

不過康德（Immanuel Kant, 1724-1804）說，當自利進入心中，我們就再也不能辨別是非。人的大腦總是千方百計找理由為自己的行為辯護，讓自己覺得正當。司馬遷說：

余讀孟子書，至梁惠王問「何以利吾國」，未嘗不廢書而歎也，曰：嗟乎，利誠亂之始也！夫子罕言利者，常防其原也。故曰「放於利而行，多怨」。自天子至於庶人，好利之弊何以異哉！（《史記‧孟子荀卿列傳》）

這就引領我們進入本書第三章世界和平與永續發展。

當史密斯遇見孔子

史密斯在《國富論》中多次談到中國：一個主題是中國比歐洲任何部

分都富有，但是沒有進步；另外一個是中國不重視對外貿易，否則會更富有，並可學習西方的技術與產業。

中國自唐代安史之亂陸上交通受阻，對外貨運改走海上，航海事業開始發達，經過兩宋和元代，明初達到高峰。明初鄭和七下西洋（一四〇五－一四三三），每次出航有大小船隻兩百餘艘，將士卒兩萬七、八千人，不論舟師的規模、船隻的大小、航經的海域、造船、航海的技術都遙遙領先世界各國，而所到之處沒有掠奪、沒有侵占，只是宣揚國威、撫慰外邦的友善之旅。

當時的泉州是世界第一大港，不僅經濟富裕，而且文化豐盛，泉州和蘇州是中國考取進士最多的地區。泉州第一個進士歐陽詹與韓愈同榜，北宋蔡襄和歐陽修同榜。蔡襄是有名的書法家，蘇軾曾說，北宋四大書法家蔡、蘇、黃、米，蔡就是蔡襄。元明以來，阿拉伯的商人和歐洲的傳教士來此定居，不同族群、不同信仰和諧相處，使泉州成為一個國際性大都會。

鄭和第七次下西洋於返國途中病逝，明政府改變政策，禁止自由貿易，閉關自守，中國從此自世界舞台撤退，錯失工業革命列車，國力日衰。

鄭和首次出航後八十七年，即一四九二年，哥倫布（Christopher Columbus, 1451-1506）在西班牙王室贊助下，西渡大西洋，到達中美洲，史稱發現新大陸，世界進入大航海時代。

一四九八年葡萄牙人達伽瑪（Vasco da Gama, 1469-1524）繞經南非的好望角，進入印度洋，抵達印度。一五一〇年葡萄牙占領印度西岸的果阿（Goa）；一五一一年占領馬六甲（Malacca），控制歐亞香料貿易的通路；一五一七年進入中國，取得澳門為貿易基地。葡萄牙是歐洲進入東方的第一個霸權，和西出大西洋的西班牙二分新世界。

哥倫布前後進入中美洲四次，第一次只有船三艘，人九十名，第二次增為船十七艘，人一千兩百餘名。他在加勒比海（Caribbean）一帶，逐島圍捕土著，運往西班牙販售為奴隸，土著聚眾反抗，遭他大量屠殺，倖存者淪為奴隸，辛勞工作至死。

西班牙稱霸海上將近一世紀，一五八八年它的無敵艦隊被英國海軍擊潰，國力從此式微，海上霸權被英國與荷蘭取代。一六〇〇年英國成立東印度公司，經營印度。一六〇二年荷蘭成立東印度公司，殖民印尼，獨占歐洲與東南亞香料貿易；一六一八年在爪哇建立巴達維亞（Batavia，今雅加達）作為公司總部；一六二一年占領班達，盡屠島上居民，只留少數種植豆蔻和肉豆蔻的專業工人。一六二二年北上攻打澎湖，一六二四年占領台灣。

十六至十八世紀是歐洲重商主義時代，以國家力量擴大出口，限制進口，管制國內經濟。那些早期靠勇力犯險從事海上貿易間亦有海盜行為的商人，如今得到政府以國家力量為後盾。一八三九年兩廣總督林則徐在廣州焚燬英國走私進口的鴉片，引發一八四〇至一八四二年的鴉片戰爭。一八四二年八月清廷迫簽《中英南京條約》，割讓香港，賠款兩千一百萬元，開放廣州、廈門、福州、寧波、上海為通商口岸，同意「協定關稅」與「治外法權」。從此列強不斷入侵中國，清政府喪權辱國，國勢日衰。

前香港中文大學校長、中央研究院院士劉遵義在他的《The China-US

Trade War and Future Economic Relations》（中大，二〇一九）中引用麥迪森（Angus Maddison）的估算說，十八世紀末和十九世紀初中國的GDP占世界三〇％，一九六〇年只有世界GDP的四．四％，一九七八年改革開放前夕只有世界的一．七五％，一九八七年降至不到一．六％的最低點。然後迅速上升，二〇一七年達一五．二％。（頁六－七）

如今中國大陸按滙率計算已是僅次於美國的世界第二大經濟體，按購買力平價計算則已超越美國為第一大經濟體。美國因此驚懼，川普當選美國總統後，對中國發動貿易戰和科技戰，意圖遲滯中國的經濟發展。拜登任總統後，變本加厲，儼然想對中國發動「八國聯軍」，卻又似希望在適當時機「引蛇出洞」，由中國先動手，然後發起全世界加以撻伐，讓它一蹶不振，美國繼續領袖世界。不過中國今非昔比，已經「大到不能倒」，各國考慮自己的利益，各有盤算，似乎並無與美國「同心同德」之意。亞當．史密斯說，鄰國富有，戰時可能成為本國的威脅，和平則有利於本國經濟。中華傳統優良的文化，心懷仁義、濟弱扶傾，不以強凌弱，不以眾暴寡，最有利於世界和平發展。

儒家文化比西方文化更有利於經濟發展

本書第四章討論蔣經國主政時期台灣的經濟發展。二〇二二年四月二十三日蔣經國國際學術交流基金會舉辦「蔣經國先生主政時期（一九七二—一九八八）的外交、經濟與內政發展」研討會，我應邀擔任經濟組的主持人。主持人在會中雖然只有幾分鐘講話的時間，但我用了幾天時間寫成一份完整的資料分送三位與談人，並於會後完成本章的文字。

蔣經國於一九七二年六月一日就任中華民國行政院長，一九七八年五月二十日當選就任總統，一九八八年一月十三日病逝，他主政的時間跨十七年，實際不滿十六年。在他出任行政院長之前，中華民國於一九七一年退出聯合國，一九七二年與日本斷交；就任之後，一九七三和一九七九年世界發生兩次能源危機，一九七九年與美國斷交。在這樣艱難的政治與經濟環境之下，台灣的經濟發展在成長快速、分配平均、物價穩定與少有失業四方面表現優異，為世所稱道，稱為「台灣經濟發展的奇蹟」或「台灣經驗」。

美國哈德遜研究所（Hudson Institute）的未來學家赫曼・康（Herman Kahn）在他一九七九年出版的《World Economic Development: 1979 and Beyond》稱台灣、南韓和日本是世界經濟發展的兩個半英雄，其中日本只能算半個。他又稱台灣、南韓、香港、新加坡為東亞四小龍，或四隻小老虎。他認為戰後東亞四小龍與日本在經濟發展方面表現優異與新儒文化有關。

一九八一年美國諾貝爾經濟學獎得主賓州大學克萊恩（Lawrence Klein）在為劉遵義院士編著的《Models of Development》初版（一九八六）所寫的序文中，認為台灣和南韓在所有發展中國家裡，最有可能在這個世紀結束之前成為已開發國家；又於再版（一九九〇）改寫的序文中指出，台灣和南韓在很多經濟學家心目中已是已開發的國家。同書名經濟學家賽塔夫斯基（Tibor Scitovsky）比較一九六五至一九八一年台灣和南韓的經濟發展，認為以經濟成長與分配平均兩個指標而言，在所有發展中國家中最為成功，而台灣又較南韓為優。

蔣經國出任行政院長之初，處理國內物價上漲的措施容有可議之處。一九七三年七月三十一日行政院採取十一項穩定物價措施，主要為補貼、管制、限價，並宣布公用事業本年內不漲價，未能產生穩定物價的效果，反而引起供應短缺。十月第一次能源危機發生，物價上漲更劇，民生必需品發生搶購現象。我記得我們幾位學院派經濟學者偶而聚在一起，共推梁國樹向蔣院長反映，一旦商品的價格限制在市場價格之下，商品就會短缺甚至不見，而「本年內不漲價」會使消費者增加購買，供應者減少供給，以等待來年。當時梁國樹的辦公室和蔣院長在行政院同一樓層，蔣院長請梁國樹告訴我們，大家的意見他已了解，但政府說出來的話必須守信用。一九七四年一月二十六日，舊曆正月初四，蔣院長晚間宣布「穩定當前經濟方案」，解除所有限價，調高公用事業費率與銀行利率，物價膨脹從此平息，政府也維持了「本年內不漲價」的承諾。

一九七三年十一月，蔣院長宣布十項重要建設，當時正值第一次能源危機爆發，石油價格上漲，很多人認為可能時機不宜，蔣院長說：「今天不做，明天會後悔。」一九七四年台灣經濟陷入衰退，十項建設的實施不但成為對抗衰退、振興經濟的良方，同時也改善了台灣的基礎建設與產業結構。

一九五〇年代台灣的經濟政策，管制進口，保護國內產業。一九五八至一九六〇年的外滙與貿易改革方案，實施單一滙率，新台幣對美元貶值，雖然在一九六〇年代甚至七〇年代產生擴張出口、促進經濟成長的作用，但是經濟自由化只做了一半，只能算局部的經濟自由化。一九七〇年代發生兩次能源危機，國內物價上漲，政府每次都以減少進口管制，降低關稅因應，逐步完成了貿易的自由化。一九七八年七月將新台幣兌美元之滙率從三十八升值為三十六，同時改採浮動滙率，可謂時機得宜。利率的自由化也從一九七六年開始逐步實施，使台灣在一九八〇年代終於完成所有制度上的安排，讓經濟自由化可以全面實施。

一九七四年初，蔣院長請當時行政院的祕書長費驊研究十項建設後應發展的產業。費驊請來美國ＲＣＡ研發部主任潘文淵，提出以研製積體電路為基礎發展電子工業的建議，為經濟部長孫運璿所採納。然而把單一的電子工業發展為廣泛的科技產業，使台灣後來成為世界科技產業的重鎮，還需要很多配合的條件，包括工業技術研究院作為公共研發機構的研發能量，科學工業園區提供了產業發展的優良環境，以及全國科技會議適時提出的國家科技政策，特別是高級人才的培育與延攬。

蔣先生身邊的三位財經重臣李國鼎、孫運璿、俞國華幫助他，或者說和他一起，成就了他主政時期台灣的經濟成就。赫曼・康所說的東亞新儒文化在個人方面，表現為品德、學識、勤勉，以及對群體的忠心。我們觀察李國鼎、孫運璿、俞國華三個人，和本章提及的眾多海外華人學者專家，以及在台灣參與積體電路研製計畫的青年菁英，都具備這樣的特質。他們「修己以敬」、「修己以安人」、「修己以安百姓」。安人和安百姓不一定當官或服務公職，科技研發與從事工商業提高生產力、創造價值，同樣是造福百姓。這就是王陽明所說的「四民異業而同道，其盡心焉，一也」。這也證實了經濟發展並非個人追求自利的結果，而是經濟發展實現了個人的自利。

從傳統進入現代的倫理演變

本書最後一章討論李國鼎的第六倫及其後續的發展。第六倫是由傳統的五倫而來。五倫包括父子、兄弟、夫妻、君臣、朋友，屬於特殊關係之間的倫理，第六倫則是我們和素不相識的個人與群體之間的關係。五倫之間有情義有互惠，第六倫只是片面的義務，所以在利益發生衝突時，和我們非親非故者的利益，特別是缺少個人感受因而無人捍衛的公共利益，往往被忽略，甚至受到侵犯。

台灣經歷一九六〇年代和七〇年代的快速經濟成長，工商業發達，人口都市化，可支配的所得增加，選擇的範圍擴大，對自由的要求也擴大。每個人追求自己的利益和權利，缺少了一分從容和節制，道德墮落，引起對社會秩序的衝撞與對公共利益的破壞。一九八一年三月十五日李國鼎應邀在「中國社會學社」年會，以〈民國七〇年代社會學者面臨的挑戰〉為主題做主題演講，提出第六倫的概念；他呼籲經濟發展，人際關係改變，加強第六倫，才能從傳統社會成功進入現代社會。

一九八八年李國鼎從行政院政務委員的職務退休，由總統府聘為資政；一九九一年在一些企業界和學術界朋友支持下，創立「中華民國群我倫理促進會」，並當選促進會第一屆理事長，把十年前倡議的第六倫當作社會運動來推進。然而當時正值所謂民主政治轉型，社會規範廢弛，社會風氣敗壞，李國鼎有次很感慨的說：「現在五倫都沒有了，還談什麼第六倫！」

不過任何社會，不論傳統停滯的農業社會，或現代成長的工商業社會，倫理的普遍實踐都不能只靠理想，還需要建立健全的制度，保障人民正當的權益，誘導社會向善，才能全面落實倫理，成就社會全體的福祉。

我的感謝

我感謝高希均教授為我出版本書。「遠見．天下文化」共出版我九本書：從早期經濟學方面的著作，到近年的儒家思想系列。經濟學是現代西方思想的產物。現代西方思想重視利益，主張追求自己的財富和權利。儒家重視倫理，強調做人的責任和義務。唯有讓倫理在利益前面，責任在權利前面，世界才會有和平與永續發展。這就是我在本書中要說的故事。

我感謝本書的兩位主編，郭昕詠小姐和張彤華小姐。她們給我很多很好的意見，讓我有機會修飭本書的文字，減少可能的缺失。

我感謝黃俊傑教授繼《孔子新傳》之後為這本《等閒識得東風面》寫序。黃教授博覽群籍，對儒學有深入的研究。我只是直接進入經典，甚少涉獵文獻。所以出版前的文稿先請黃教授審閱然後賜序。俊傑兄的美言我愧不敢當。

最後，我感謝我的助理，台大經濟研究學術基金會的祕書，陳玲玉小姐。玲玉幫助我完成《孔子新傳》的文稿，現在又幫助我完成這本《等閒識得東風面》。我覺得很幸運，在我學術生涯的最後階段，有玲玉相助，真的很感謝！

孫震

台大經濟研究學術基金會

二〇二三年八月三十日

第一章

孔子的生平與思想

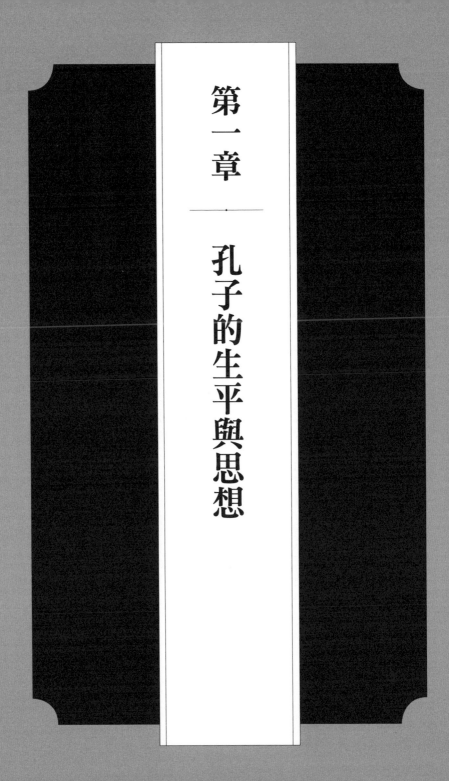

一、孔子的時代

孔子是中國東周春秋晚期的思想家和教育家。

周朝從武王於十一年（西元前一〇四六年）滅商，定都鎬京（在今陝西省西安市西方），至幽王於十一年（前七七一年）為犬戎所殺，稱為西周。幽王的兒子平王東遷雒邑（在今河南省洛陽市），稱為東周。東周又分春秋和戰國兩個時期。春秋時期從平王元年（前七七〇年）到敬王四十四年（前四七六年）崩。戰國時期從元王元年（前四七五年）到秦始皇統一六國（前二二一年）。其間周室最後一位天子赧王於五十九年（前二五六年）崩；七年後（前二四九年）秦始皇的父親莊襄王滅東周。

周武王滅商後分封諸侯。諸侯有公、侯、伯、子、男五等，公、侯為大國，田方百里；伯為次國，田方七十里；子、男為小國，田方五十里，不足五十里的附屬於諸侯，稱為附庸。不過周自東遷以後，王室式微，喪失制約諸侯、維持紀律的能力，諸侯國各自發展勢力，拓展疆土，諸侯不論大小皆稱公，甚至稱王。春秋時期有五個諸侯國先後稱霸，稱為五霸。所謂春秋五霸有不同的說法：趙岐注《孟子．告子》以齊桓公、宋襄公、晉文公、秦穆公、楚莊王為五霸；《荀子．五霸》以齊桓公、晉文公、楚莊王、吳闔閭、吳勾踐為五霸；班固《白虎通義》以齊桓公、晉文公、秦穆公、楚莊王、吳闔閭為五霸。其中長期維持強大的就是齊、晉、秦、楚；這四個諸侯國分據東、北、西、南四方。它們的共同特色是地理上處於政治中心的外圍，有拓展疆土的空間，可以發展經濟，招徠人口，壯大國力。從經濟學的觀點看，疆土擴大，人口增加，國家總產值也就是今天所說的GDP增加，國家的能量和勢力自然強大。

國家強大需要有能臣，能臣需要有幹練的家臣。能臣分賢臣和權臣；賢臣如管仲輔佐齊桓公稱霸，而且是五霸中最為人稱道的霸主，孟子說：「五霸齊桓為盛。」（《孟子．告子》）權臣如魯國的三桓：孟孫氏、叔孫氏和季孫氏；魯昭公甚至被三桓逼迫，流亡國外。又如齊國的陳恆弒齊簡公，陳恆《史記》作田常，陳田同音，漢避文帝諱，改恆為常。他的曾孫田和取代齊康公而列諸侯；呂姓的齊國從此為田姓所取代。再如晉國的六卿：范氏、中行氏、智氏、韓氏、趙氏和魏氏，終於瓜分晉國；春秋時期的晉國到戰國時期成為韓、趙、魏三國。說到幹練的家臣，季孫氏至季桓子為家臣陽虎（《論語》作陽貨）所劫持，陽虎並通過季氏號令魯國。

周王朝以禮、樂、征伐治天下。禮節制人的行為，使之中正；樂調節人的性情，使之平和。司馬遷說：

> 樂至則無怨，禮至則不爭。揖讓而治天下者，禮樂之謂也。
>
> （《史記·樂書》）

諸侯如有不服，就發動六軍、或號令其他諸侯，加以討伐。孔子說：

> 天下有道，則禮樂征伐自天子出；天下無道，則禮樂征伐自諸侯出。自諸侯出，蓋十世希不失矣；自大夫出，五世希不失

矣；陪臣執國命，三世希不失矣。天下有道，則政不在大夫；天下有道，則庶人不議。（《論語．季氏》）

天下有道就是天下的制度健全，一切照規矩來，則禮、樂、征伐由周天子執掌，天下無道則禮、樂、征伐由諸侯執掌。如果天子大權旁落，禮、樂、征伐由諸侯執掌，很少有十代不失去政權的。如果由大夫執掌，很少有五代不失去政權的。國家的命運如果操縱在大夫身邊的家臣手中，很少有三代不失去政權的。天下上軌道，不會由大夫發號施令；天下上軌道，老百姓不會議論政事。

東周到孔子時代，已經禮壞樂崩，達到善惡不分、是非不明的程度。南宋的大儒朱熹說：「人欲肆而天理滅矣！」孔子嚮往周初風俗的淳厚與社會的美好，他一生的努力，就是倡導倫理優先的價值觀，讓每個人扮演好自己的社會角色；以及維護禮制，一方面提供行為的準則，一方面建立健全的社會誘因制度，引導個人追求理想人生，達成社會的和諧安定。

二、孔子的家世與成長

孔子是殷商後裔，他的祖先可以上溯到宋微子啟之弟微仲。周武王滅商後，封紂王的兒子武庚祿父在紂王的舊都朝歌（在今河南省淇縣），繼續統治殷商的遺民，延續祖先的祭祀。另外封自己的兩個弟弟叔鮮於管（在今河南省鄭州市），叔度於蔡（在今河南省上蔡），輔佐武庚，實際上是就近監視。武王去世後，子成王年少即位，由周公旦輔政，管叔鮮和蔡叔度勾結武庚造反。周公承成王之命予以平定，以武庚統治的舊地封武王同母幼弟康叔，國號衛，另封紂王的庶兄微子啟為宋公，都商丘（在今河南省商丘市），延續對祖先的祭祀。微子啟《史記》避漢景帝諱作微子開，商丘是商的舊都之一，商人在盤庚遷殷前，大致都在商丘、曲阜一帶活動。

微子卒，立其弟微仲。微仲卒，子宋公稽立。宋公稽卒，子丁公申立。丁公申卒，子湣公共立。湣公共卒，立其弟煬公熙。湣公的庶子鮒祀弒煬公熙以讓湣公的太子弗父何，弗父何不受乃自立，是為厲公。

弗父何生宋父周，周生世父勝，勝生正考父，考父生孔父嘉。孔父嘉在宋穆公（西元前七一一至六九四年在位）與殤公時為大司馬。太宰華父督為弒殤公，於殤公十年（前七一〇年）殺孔父嘉並奪其妻，子木金父逃亡至魯。

木金父生睪夷，睪夷生防叔，防叔生伯夏，伯夏生叔梁紇，叔梁紇生孔子。

叔梁紇是郰人；郰《論語》作鄹，在曲阜東南六十里，屬魯國昌平鄉。他在《左傳》中出現兩次。第一次是魯襄公十年（前五六三年）；《左傳》稱他為郰人紇，就是郰邑那個叫紇的人，從名稱上看，應是一位年輕普通的鄉民。這年夏天，晉悼公為了阻擋楚國向北方發展，率領諸侯軍與吳王壽夢會於相，進攻偪陽。相在今天徐州市東方的邳州市，當時已為楚地，偪陽在相的西北方。偪陽人打開城門誘敵，部分諸侯軍一擁而入，守軍突然放下城上的懸門，將聚殲已進城的諸侯軍。這時郰人紇用手撅起懸門，使諸侯軍安全撤出。由此可知，他是一位有急智的大力士。

第二次是魯襄公十七年（前五五六年）；《左傳》稱他為郰叔紇，就是郰邑那個叫紇的大叔，可見年紀稍長，並且有一定的聲望。這年秋天，齊國侵犯魯國的北境，其中一支部隊圍困魯國大夫臧孫紇於防。臧孫紇是魯孝公的後人，就是《論語》中的臧武仲；防在陽關的東北方，梁父山之西，是臧孫紇的封邑。魯自陽關出兵迎救，大軍駐紮於旅松。郰叔紇與臧疇、臧賈率披甲執銳的戰士三百人，夜襲齊營，救出臧孫紇。由此可知，他不僅是一位大力士，而且是一位勇士，年齡應不會太長。

從以上兩次魯國的軍事行動來看，叔梁紇應該是孟孫氏的部屬。因為距離陽關最近的魯國重鎮是孟孫氏的大本營郕，這支救防的魯軍很可能是從郕派出；而魯襄公十年隨晉悼公攻打偪陽的魯軍，指揮作戰的正是孟獻子。

叔梁紇在擔任郰宰的時候，與當地少女顏徵在發生戀情。兩個人像今天的情侶一樣，常常渡過沂水，到郰東北方的尼丘遊覽，向山神祈禱，生下孔子。由於叔梁紇已有家室，育有一兒一女，和顏徵在則無婚姻關係，所以司馬遷在《史記・孔子世家》說：「紇與顏氏女野合而生孔子。」

孔子生於魯襄公二十二年（前五五一年），因為父母禱於尼丘而生，所以名丘，字仲尼，仲是他在家中的排行。尼丘因為避孔子諱，現在叫尼山。叔梁紇在孔子三歲時逝世，葬於防山，在尼丘西北方。孔子由母親撫養長大。

叔梁紇與顏徵在的這段姻緣似乎未被原來的家庭接受，叔梁紇去世後，留下的孤兒寡母也未得到原家庭的照顧，母子二人艱難度日。孔子小時候，為了生活，可能從事過各種世俗以為低賤的工作，用現在的話說就是到處打工。孔子後來說：「吾少也賤，故多能鄙事。」（《論語・子罕》）

魯昭公九年（前五五三年），孔子十九歲，在都城謀得一個委吏的職位，從郰邑遷到曲阜。魯昭公十一年（前五三一年），孔子二十一歲，轉任乘田。委吏是管倉庫的小官，乘田是管牲畜的小官，雖然都是小事，但孔子為委吏，做到帳面和庫存一致，為乘田，做到牲畜生長茁壯。孟子說：

孔子嘗為委吏矣，曰：會計當而已矣；嘗為乘田矣，曰：牛羊茁壯而已矣。（《孟子・萬章下》）

他是一個凡事認真、負責盡職的人。

孔子大概在二十五歲甚至更晚，辭去公職，開始授徒，他是中國第一位私人興學的教育家。孔子早期的弟子有顏回的父親顏無繇、曾參的父親曾點和子路等。

子路性鄙，好勇力，志伉直，冠雄雞，佩豭豚，陵暴孔子。孔子設禮稍誘子路，子路後儒服委質，因門人請為弟子。（《史記・孔子世家》）

看司馬遷筆下的子路，活脫是一個逞強鬥狠，可能不到二十歲的魯莽少年。孔子長子路九歲，當時應不到三十歲。

根據司馬遷《史記．孔子世家》，孔子十九歲，娶丌官氏為妻，第二年生下兒子鯉，字伯魚，而孔母在孔子十七歲時已經去世。如此則兒子一生早期的這些大事，母親都未能參與。不過《禮記．檀弓上》有下面一段記載：

> 孔子既祥，五日彈琴而不成聲，十日而成笙歌。有子蓋既祥而絲屨組纓。

父母去世滿一年為「小祥」，滿二年為「大祥」。孔子的母親去世滿一年又過了五天，孔子仍未走出喪母的哀傷，以致彈琴不能成聲，過了十天才能發出完整的音樂。然而孔子的弟子有若，母喪剛滿一年，據說就換上絲鞋和華麗的帽帶。這段話應是孔門弟子所記，顯示徵在去世應在孔子開始授徒之後，則孔子的年齡應在二十五歲或二十六歲以上。如此孔母不但親自操持了兒子的婚事，並且迎接了孫兒的誕生，度過一段含飴弄孫的美好時光。

孔母去世後，孔子將母親暫殯於曲阜東門外二里的五父衢。因為徵在不願告訴他叔梁紇的墓地，可能徵在自己也不知道，或不為家族接受。不過能殯母於五父衢，也顯示不是一個十七歲少年所能做到。

孔子自小習禮好學，觸類旁通，三十歲學問已經有所成就；他是一位自學成功的大學問家。魯國的權臣孟釐子臨終前，召見屬下的大夫託以後事。他說：孔丘是聖人的後代，他的祖先弗父何本來可以為宋國之君而不接受。到了正考父，輔佐戴公、武公和宣公三世，三次任命，態度越發謙恭，他家鼎上的銘文：

一命而僂，再命而傴，三命而俯，循牆而走，亦莫余敢侮。饘於是，粥於是，以餬余口。

第一次受到任命頭低下來，第二次受到任命背弓下來，第三次受到任命腰彎下來，順著牆邊走路，也沒人敢侮辱我。我用這個鼎煮稠粥，煮稀飯，讓我有口飯吃。孟釐子引臧孫紇說：「聖人有明德者，若不當世，其後必有達人。」這個達人就是孔丘吧！遺命兩個兒子孟懿子和南宮叔敬師事孔子學禮。這件事記載在《左傳．昭公七年九月》。魯昭公二十四年二月，孔子三十四歲，孟釐子卒。

魯昭公二十五年（前五一七年），孔子三十五歲，魯國發生了一件大事。這年九月，魯昭公想要藉著季平子和幾個權貴家族之間的矛盾，奪回魯君喪失多年的政權，發動對季孫氏的攻擊。結果卻為三桓聯手所敗，逃亡至齊。孔子也於這年到了齊國，尋找實現理想的機會。他在齊國和齊國的音樂大師切磋音樂，潛心學習；也見到齊景公，討論為政之道。然而他終於未為齊君接受，而於第二年回到魯國，繼續他進德修業、作育英才的事業。可能就在這一年，他將母親合葬於叔梁紇在防山的墓地。《禮記．檀弓上》有下面一段記載：

孔子既得合葬於防，曰：「吾聞之，古也，墓而不墳。今丘也，東西南北人也，不可以弗識也。於是封之，崇四尺。孔子先反，門人後，雨甚；至，孔子問焉曰：「爾來何遲也？」對曰：「防墓崩。」孔子不應，三。孔子泫然流涕曰：「吾聞之，古不修墓。」

他以前未能將母親葬到父親的墓地，如今有了一點社會地位和經濟地位，相信已經為家族接受。

三、孔子的思想：從理想人生到理想社會

孔子思想的架構主要由三個元素組成，就是倫理、君子和禮。

倫理是人與人之間應維持的適當關係，以及由此引申出來做人的原

則，例如仁、義、忠、信。孟子說：

仁義忠信，樂善不倦，此天爵也。（《孟子．告子》）

仁義忠信，樂善不倦，是上天賜給我們的爵位。符合倫理的行為是道德；道德表現在人的行為之中為品德。

倫理有差別，我們對所有人都應有關懷仁慈之心，也有一些基本的義務，但對家人、親友以及一些和我們有特定關係的人則有更多的愛心和責任。

子曰：「弟子入則孝，出則弟，謹而信，汎愛眾，而親仁；行有餘力，則以學文。」（《論語．學而》）

孔子這段話告訴我們，倫理優先於知識和才藝，而在倫理當中，年輕人在家應孝順父母，出外應尊敬長上，行事應謹慎，說話要守信用，對所有的人都要有愛心，但應多接近品德高尚之人。所以倫理不是所有人際關係都一樣。

孟子說：「楊氏為我，是無君也；墨氏兼愛，是無父也。無父無君，是禽獸也。」（《孟子．滕文公》）

楊朱主張為我，拔一毛而利天下不為，是沒有國家與社會觀念；墨翟主張兼愛，對大家的愛心都一樣，是沒有家庭觀念。沒有社會觀念也沒有家庭觀念是禽獸的行為。

倫理源自人之所以為人的利他關愛之心，孟子稱為「惻隱之心」，西哲亞當．史密斯稱為「同情心」（sympathy）。孟子說：「無惻隱之心非人也。」（〈公孫丑〉）史密斯說：「縱然是窮凶極惡之輩與鐵石心腸的亡命之徒，也非全無同情之心。」（*The Theory of Moral Sentiments*，首段）

此一利他關愛之心，就是儒家核心倫理「仁」的開端，孔子將其擴而充之，推而廣之，成為他的終極關懷。孟子說：「苟能充之，足以保四海；苟不充之，不足以事父母。」（〈公孫丑〉）所以仁有不同程度之仁，也有不同範圍之仁。仁可以很容易，也可以很難，可以很近，也可以很遠。

> 樊遲問仁，子曰：「愛人。」（〈顏淵〉）
>
> 子曰：「仁遠乎哉？我欲仁，斯仁至矣。」（〈述而〉）

然而當我們把愛心擴及天下百姓，而且想要付諸實踐，產生實效，就很難了。

> 子貢曰：「如有博施於民，而能濟眾，何如？可謂仁乎？」
>
> 子曰：「何事於仁，必也聖乎！堯舜其猶病諸！夫仁者，己欲立

而立人，己欲達而達人。能近取譬，可謂仁之方也已。」（〈雍也〉）

子貢說：如果有人給老百姓各種好處，又能在困難的時候幫助他們，這個人怎麼樣？可以說是仁嗎？孔子說，何止是仁呢？必定是聖吧？堯、舜恐怕也有做不到的地方。所謂仁者，自己有成就，希望別人也有成就，自己發達，希望別人也發達。能就近從自己想到別人，可說是行仁的方針了。仁達到極致就進入聖的境界，這不是一件容易的事，除了自己的愛心和意志，還需要很多主觀和客觀的條件。

子張問仁於孔子。孔子曰：「能行五者於天下，為仁矣。」請問之。曰：「恭、寬、信、敏、惠。恭則不侮，寬則得眾，信則人任焉，敏則有功，惠則足以使人。」（〈陽貨〉）

子張向孔子請教仁的意義，孔子說，能普遍做到五件事就是仁了。子張請教，哪五件事呢？孔子說，恭、寬、信、敏、惠。對人恭敬，人家就不會侮辱我們；對人寬大，人家就願意跟隨我們；做人守信用，人家才會相信我們，託我們辦事；做事勤快，才能成就事功；幫助別人，給別人好處，人家才會聽從我們。所以仁的充分實現，需要很多輔助的美德。

除了主觀的條件還需要客觀條件。這在孔子時代就是取得政權，或得到政治領袖的信任，授之以權，實行仁政。孔子心目中實現仁政的典型人物是堯、舜、文、武、周公和管仲。

孔子對仁重視實際的效果，他曾批評管仲為人器量狹小，不知儉也不知禮（〈八佾〉），可是當子路和子貢質疑管仲仁否時，他又肯定管仲之仁。

> 子路曰：「桓公殺公子糾，召忽死之，管仲不死。」曰：「未仁乎？」子曰：「桓公九合諸侯，不以兵車，管仲之力也。

如其仁！如其仁！」（〈憲問〉）

子貢曰：「管仲非仁者與？桓公殺公子糾，不能死，又相之。」子曰：「管仲相桓公，霸諸侯，一匡天下，民到於今受其賜。微管仲，吾其被髮左衽矣！豈若匹夫匹婦之為諒也，自經於溝瀆，而莫之知也。」（〈憲問〉）

諸兒、糾和小白是齊釐公的三個兒子。齊釐公去世後，諸兒繼立，是為齊襄公。襄公無道，管仲和召忽輔佐公子糾避禍到魯國，鮑叔牙輔佐小白逃避到莒國。齊襄公十二年，為堂弟無知所殺，小白得到國內大臣通知，返齊爭取君位。公子糾則由魯國派兵護送返國，管仲於途中攔截小白，發箭射中小白帶鈎。小白假裝中箭身亡，搶先返國即位，是為齊桓公，發兵打敗魯軍，要求魯國殺公子糾，並遣返召忽和管仲。召忽自殺殉主，管仲則在鮑叔牙推荐下，成為齊桓公之相，輔佐齊桓公成就霸業。所以子路和子貢都懷疑管仲的人格，這樣一個背主求榮的人算得上仁嗎？然而孔子卻從管仲輔佐齊桓公成就霸業，避免戰禍，造福百姓，肯定他的仁行。孔子說，難道要像無知小民，守著一點小信小節，自己勒死在水溝裡沒有人知道嗎？

人生追求欲望的滿足，欲望滿足產生效用（utility），效用產生價值（value）。在儒家的價值系統中，倫理價值優先於經濟價值（富，就是所得與財富）和社會價值（貴，就是地位、權勢和名聲）。

> 子曰：「富與貴，是人之所欲也，不以其道，得之不處也。貧與賤，是人之所惡也，不以其道，得之不去也。」（〈里仁〉）

富與貴是人人都想得到的東西，如果不用正當的手段，得到了也不要；貧與賤是人人都厭惡的東西，如果不用正當的手段，得到了也不拋棄。不以其道就是不符合倫理的手段。

子曰：「飯疏食，飲水，曲肱而枕之，樂亦在其中矣。不義而富且貴，於我如浮雲。」（〈述而〉）

吃的是粗飯，喝的是白水，彎起手臂當枕頭，其中自有樂趣。用不正當的手段取得財富和地位，對我像天上的浮雲一樣，不放在心上。

子曰：「賢哉，回也！一簞食，一瓢飲，在陋巷，人不堪其憂，回也不改其樂。賢哉，回也！」（〈雍也〉）

吃的是一竹碗飯，喝的是一瓢水，住在窮人家的小巷子裡，一般人受不了這樣的窮困，顏回卻不改他的快樂。顏回真是一個賢者呀！顏回的「不改其樂」正如孔子的「樂亦在其中矣」。倫理就是他們心中幸福的泉源。

魯昭公二十五年（西元前五一七年），孔子三十五歲，來到齊國，齊景公向他請教為政之道。

齊景公問政於孔子。孔子對曰：「君君，臣臣，父父，子子。」公曰：「善哉！信如君不君，臣不臣，父不父，子不子，雖有粟，吾得而食諸？」（〈顏淵〉）

君君，臣臣，父父，子子，就是君要像君的樣子，臣要像臣的樣子，父親像父親的樣子，兒子像兒子的樣子。這是適當的人際關係具體的說法，換成一般的說法，就是每個人扮演好自己的社會角色，也就是每個人都遵守倫理。如果社會分子都能遵守倫理，扮演好自己的社會角色，負起應負的責任，善盡應盡的義務，社會就會達到和諧與安定。否則各自爭取自己的利益，天下就會大亂，所以齊景公說，雖有糧食，我能吃得到嗎？

孔子的理想人生，就是實踐倫理，成就完美的人格，進而促進社會的和諧與安定。追求人格的完美，達成社會的和諧安定，就是孔子一生孜孜不倦所追求的道。道是走向理想人生、到達社會目的之道路，也是實現理想人生，達成社會目的之思想體系和方法。孔子的時代，社會缺少持續的技術進步，長期中人均所得不增加，經濟學家稱之為「傳統停滯時代」（traditional stagnation epoch），社會的目的是和諧與安定。

君子是仁的化身

君子是仁的化身，也是孔子理想人格的典型。

子路問君子。子曰：「修己以敬。」曰：「如斯而已乎？」曰：「修己以安人。」曰：「如斯而已乎？」曰：「修己以安百姓。修己以安百姓，堯舜其猶病諸！」（〈憲問〉）

子路問怎樣才是君子？孔子說，以虔誠認真的態度，修養自己的品德和才識，做到人格的完美。子路說，這樣就可以了嗎？孔子說，人格完美，德才兼備，就去幫助別人，讓別人得到幸福。子路說，這樣就可以了嗎？孔子說，人格完美，德才兼備，就去幫助全天下的人，讓天下人得到幸福。人格完美，德才兼備，讓天下人得到幸福，不是件容易的事，堯、舜也有做不到的地方。

以上孔子在子路三次提問中，提出理想人生的三種境界：自求完美，幫助別人得到幸福，幫助天下人得到幸福。能夠做到讓天下人得到幸福，就是君子的極致，接近聖人的境界了。

子曰：「聖人，吾不得而見之矣；得見君子者，斯可矣。」

（〈述而〉）

不過人生不必一定要治國、平天下，也不是每個人都有那樣的能力、機遇和意願；如果人人都想治國、平天下，天下就大亂了。這三種境界，可以進，可以止，可以退，不論停留在哪一種境界都可以安身立命；這種態度可稱為儒家動態平衡的人生觀。一個真正的君子，不論窮達，都可以保持獨立的人格和自由的思想，因為超然物外，人格無虧，就是他幸福的來源。

君子超越世俗的功名利祿，心裡想的是別人的利益，而不是自己的利益。

子曰：「君子謀道不謀食。耕也，餒在其中矣；學也，祿在其中矣。君子憂道不憂貧。」（〈衛靈公〉）

孔子說，君子謀求實現人生的理想，不謀求自己的衣食。努力耕田，也有沒飯吃的時候，努力求學，總可以得到一份薪資。君子擔心理想不能實現，不擔心貧窮。孔子在陳國絕糧的時候，弟子們病倒，沒力氣站起來。

子路慍見，曰：「君子亦有窮乎？」子曰：「君子固窮，小人窮斯濫矣。」（〈衛靈公〉）

子路滿面怒容來見孔子，說，君子也有窮困的時候嗎？孔子說，君子窮困的時候也會堅持自己的志節，小人窮困的時候，就什麼事都做得出來了。這正是孟子所說的：

> 無恆產而有恆心者，惟士為能。若民，則無恆產，因無恆心。苟無恆心，放辟，邪侈，無不為已。（〈孟子・梁惠王〉）

沒有一定的財產，而能維持一定的節操，只有士能做得到。若是一般百姓，如果沒有一定的財產，就不能維持一定的節操。如果不能維持一定的節操，那麼不論什麼邪門歪道的事，沒有做不出來的。

禮包括儀式、規矩和制度三部分

禮是倫理的準則，又是倫理的社會支援體系。作為倫理的準則，禮包括儀式和規矩兩部分。儀式是不同情景表達心意或情感的標準化程序和形式，其中也包括器物；規矩是人際關係的分寸。

哀公問於孔子曰：「大禮何如？君子之言禮，何其尊也？」孔子曰：「丘聞之：民之所由生，禮為大。非禮無以節事天地之神明也，非禮無以辨君臣上下長幼之位也，非禮無以別男女父子兄弟之親、昏姻疏數之交也；君子以此之為尊敬然。」（《禮記．哀公問》）

魯哀公問孔子，禮是怎麼回事？為什麼君子談到禮都很重視？孔子說，據我所知，在人民生活的社會中，禮是最重要的制度。沒有禮無法按時事奉天地之神，沒有禮無法分辨君和臣、上和下、年長和年幼的地位，沒有禮無法區別夫妻、父子、兄弟之親情，以及姻親遠近之交往。君子因為這些原因，所以對禮很重視。

不過禮雖然很重要，但和倫理比起來則屬次要，因為禮只是形式，倫理才是本質，本質藉形式彰顯，也在一定程度上靠形式維持，但不能喧賓奪主，否則反而成為一種桎梏，妨礙社會的進步。

林放問禮之本。子曰：「大哉問！禮，與其奢也，寧儉；喪，與其易也，寧戚。」（〈八佾〉）

孔子弟子林放，問禮的本質，孔子稱許他提出好問題，禮與其奢華不如儉樸，喪與其鋪張不如哀戚。孔子說：

人而不仁，如禮何？人而不仁，如樂何？（〈八佾〉）

禮指導人的行為，使其中規中矩，符合倫理，然而人如果沒有那份溫暖關懷的心，只有一些冷冰冰的形式，有什麼意思呢？樂調和人的性情，使其心境平和，然而人如果沒那份溫暖關懷的心，只有一些樂聲有什麼意思呢？孔子又說：

禮云禮云，玉帛云乎哉？樂云樂云，鐘鼓云乎哉？（〈陽貨〉）

禮呀禮，難道就是一堆禮品嗎？樂呀樂，難道就是一些樂器嗎？

子夏問曰：「巧笑倩兮，美目盼兮，素以為絢兮。何謂也？」子曰：「繪事後素。」曰：「禮後乎？」子曰：「起予者商也！始可與言詩已矣。」（〈八佾〉）

子夏向孔子請教，俊俏的笑靨動人心弦，明亮的眼睛如波光流轉，潔淨的素顏綻放出燦爛的光彩。這是什麼意思呢？孔子說，譬如繪畫，先打好素底，然後塗上顏色。子夏說，那麼，禮是在後面的嗎？孔子說，啟發我的人是商呀！從現在開始，可以和你談《詩》了。禮在什麼之後呢？在倫理之後，在仁之後。

作為倫理的社會支援體系，禮提供誘因，也就是獎懲，引導社會分子各自追求自己的目的，結果達成社會的目的，這個目的在孔子時代，就是和諧與安定。司馬光說：

臣聞天子之職莫大於禮，禮莫大於分，分莫大於名。何謂禮？紀綱是也。何謂分？君臣是也。何謂名？公、侯、卿、大夫是也。夫以四海之廣，兆民之眾，受制於一人，雖有絕倫之力，高世之智，莫敢不奔走而服役者，豈非以禮為之綱紀哉！是以天子統三公，三公率諸侯，諸侯制卿、大夫，卿、大夫治士、庶人。……故曰：天子之職莫大於禮也。」（《資治通鑑．周紀》）

司馬遷說：

人道經緯萬端，規矩無所不貫。誘進以仁義，束縛以刑罰。故德厚者位尊，祿重者寵榮，所以總一海內而整齊萬民也。（《史記．禮書》）

司馬光說的是周代農業經濟的封建制度，天下資源主要集中在周天子之手，通過三公與諸侯，實施封賞獎懲，支配人力，以維持王朝的運作，達到社會的和諧安定。司馬遷說的是西漢初期，天下方定，農民歸田，工商業開始發展，朝廷以倫理大義期許人民，而以功名利祿加以獎賞，以法律加以約束。道德厚的給他高官，俸祿多的給他榮耀。這樣將所有人民的努力加以整合，達到社會希望的目的。

周制，國之大事，禮樂征伐。周天子以禮節制人的行為，以樂調和人的性情，使天下之民中正平和；諸侯如有叛逆，則發動六軍，或號令其他諸侯，加以征伐。可惜周室自東遷以來，失去資源和權威，而到了孔子的時代，已經「禮壞樂崩」，政令不行。東漢的大儒鄭玄說：

五霸之末，上無天子，下無方伯，善者誰賞？惡者誰罰？紀綱絕矣！（《詩譜．序》）

所以孔子希望維護禮制，匡正倫理，以達成社會和諧安定的理想落空。然而正如南宋大儒朱熹所說的：「其政雖不足以行於一時，而其教實被於萬世。」（《詩集傳．序》）

孔子思想在二十一世紀的意義

孔子的思想雖然產生於兩千五百多年以前，但對當前世界發展卻有重要的意義。第一，孔子愛好和平，反對侵略戰爭，而現代成長為世界創備了和平相處的條件。

子謂韶：「盡美矣，又盡善也。」謂武：「盡美矣，未盡善也。」（〈八佾〉）

《韶》是歌頌舜的音樂。堯禪讓帝位於舜，舜又禪讓於禹，政權和平轉移，不動刀兵，所以《韶》樂盡美盡善。《武》是歌頌周武王克商的音樂。周武王以武力取天下，所以，《武》樂盡美但未盡善。

孔子治國安邦的方略是對內平均所得與財富分配，促進人民和諧與團結，對外睦鄰與維持和平，不挑起戰端。孔子說：

丘也聞，有國有家者，不患寡而患不均，不患貧而患不安。蓋均無貧，和無寡，安無傾。夫如是，故遠人不服，則修文德以來之。既來之，則安之。（〈季氏〉）

董仲舒認為《論語》此章文字有錯置。寡是人口少，貧是所得低。「不患寡而患不均，不患貧而患不安」，應為「不患貧而患不均，不患寡而患不安」。所得與財富分配平均就不會感覺貧窮，人民和諧團結就不怕人少，所以國家得以屹立不搖。遠地的人不服，就提升本國的文化水準和道德水準，以吸引他們來歸。來了以後就加以善待，使他們安居。這就是儒家以德服人不以力服人的王道精神。

如今美國和中國大陸互相敵對，劍拔弩張，嚴重威脅世界和平。如果雙方都能有儒家思想的王道精神，彼此友好，共同創造世界繁榮，何需兵戎相見？長期中，一國從別國的富裕中得到利益，不可能從其貧窮中得到利益；打倒別的國家不會讓自己的國家更好，只會兩敗俱傷。孔子在上引《論語．季氏》一章接著說：

今由與求也，相夫子，遠人不服而不能來也；邦分崩離析而不能守也，而謀動干戈於邦內。吾恐季孫之憂，不在顓臾，而在蕭牆之內也。

現在仲由和冉求你們兩個輔佐季氏，遠地的人不服不能讓他們來歸，國家分裂崩潰，人民流離渙散，不能加以守護，而想在自己的國土之內動刀兵，我恐怕季氏需要擔心的不是顓臾，而是自己家門之內。

這是魯哀公十二年（前四八三年），魯國把持國政的權臣季康子想要攻打魯國的附庸國顓臾，派冉有和子路向孔子報告，孔子告誡他們的話。這段至理名言，古今中外所有執掌國家大權的人，都應善加體會，以免敵人還沒打倒，自己國內已經「禍起蕭牆」！

傳統停滯時代由於缺少持續的技術進步，人均所得不變，欲提高國力，增加財富，唯有對外擴張。所以中國在春秋戰國時期，諸侯相侵伐，拓展疆土，直到秦統一六國。西方則自一四九二年哥倫布發現新大陸開啟大航海時代，西歐各國紛紛對外侵占土地，掠奪資源，屠殺無辜，發展為帝國主義和殖民主義。如今世界進入現代成長時代，任何國家只要振興科技，發展經濟，就可以創造財富，昌盛文化，不需要對外侵略，讓世界所有國家和人民都可以安享富裕和太平。

第二，重塑倫理優先的價值觀，使個人於追求自利、從事生產時，創造價值而不造成傷害，達成可持續的世界發展。建立在資本主義制度之上的現代經濟成長，鼓勵個人追求自利，創造增加的價值，以促進經濟成長，累積財富。然而個人追求自利，缺少節制，可能造成對他人、社會與自然環境的傷害。特別是生產活動的外部不經濟（external diseconomies），產生成本而未支付代價，成為當前環境汙染、地球暖化、氣候異常、生態系統失序、生物滅絕、危及人類生存的根本原因。

雖然世界各國紛紛推出節能減碳的政策，希望減少溫室氣體排放，防止氣溫繼續上升，然而至今效果不彰。唯有回到孔子倫理優先的價值觀，使個人在倫理自覺的節制下追求自利，而不造成對他人、社會和環境的傷害，世界才會有可持續的發展。

重倫理，輕財富，會不會妨礙經濟成長？當然不會。因為現代經濟成長並非貪財的結果，而是技術持續進步的結果。如果貪得無饜可以促進經濟成長，世上還會有窮人和貧窮的國家嗎？

第三，建立現代社會的禮制，讓君子進入每個領域的決策地位，實現富而好禮的社會。中國傳統停滯時代的禮，猶如西方現代成長時代的市場。中國傳統停滯時代以禮引導個人遵守倫理，達到社會的和諧，西方現代成長時代以市場引導個人追求自利，達到經濟的成長。

亞當·史密斯說，每個人追求自己的利益，冥冥中如有一隻看不見的手在帶領，結果達成社會的利益，甚至比蓄意想達成社會的利益更有效。然而由於市場並非處於完全競爭的狀態，而且生產活動的若干成本落在市場之外，產生外部不經濟，致使私人利益與社會利益不一致，造成當前世界的災害。孔子時代也因禮制崩壞，喪失指導和支援倫理的功能，致使社會陷於混亂。

從傳統停滯時代進入現代成長時代，國家的目的在社會和諧之外增加經濟成長，其所需要的現代禮制，不論作為倫理的準則或其社會支援體系，都需要與時俱進。司馬遷說：

> 洋洋美德乎！宰制萬物，役使群眾，豈人力也哉？余至大行禮官，觀三代損益，乃知緣人情而制禮，依人性而作儀，其所由來尚矣。（《史記．禮書》）

禮的社會功能宏偉，主宰個人的選擇，支配全民的動向，豈是人力所能做到？我到主管禮儀的官府參觀，看到夏、商、周三代對禮的增減修訂，得知古人按人情規畫禮制，依人性設計禮儀，很久以來就如此了。技術進步、經濟成長、社會變遷、人際關係隨之改變。傳統的大家庭消失，家族與鄉里的關係趨於淡薄，一般性的社會關係轉趨密切。禮的儀式簡化，規矩鬆弛，但仁、義、忠、信等普遍性德目應受到更多重視。

傳統停滯時代，社會的資源集中於政府之手，政府所主導的社會獎懲制度可能是為了鞏固政權與擴充政府的權威，而不是為了增進全民的利益。現代成長時代，工商業發達，各種專業興起，政府與人民之間的中間部門擴大，擁有社會最多的資源，也是大多數人財富和地位的來源，因此更能建立符合全民利益的獎懲制度，塑造倫理優先的價值觀。這時君子自然就會進入社會各個重要領域的決策地位，帶領世界向社會和諧、經濟成長與環境永續的方向發展。

四、孔子的公職生涯與周遊列國

東周到了孔子時代，禮制敗壞，紀律廢弛，倫理動搖，諸侯、大夫和陪臣不安於位，漸漸逾越分際。魯國的朝政長期由三個權貴家族把持，就是孟孫氏、叔孫氏和季孫氏，而由季孫氏實際操控朝政。這三個家族因為是魯桓公的三個兒子慶父、叔牙和季友的後裔，所以稱為三桓。

魯昭公二十五年（西元前五一七年），昭公欲除去季平子，奪回魯君喪失數世的政權，藉著季孫氏和幾個貴族之間的矛盾，發起身邊所能動員的人力攻打季平子，結果為三桓聯手所敗，逃亡在外。齊景公和晉定公雖然都曾動念派兵送魯昭公返國，但都為季平子買通他們身邊的大臣加以勸阻，以致魯昭公有生之年未能回到自己的國土。在這期間，由季平子代行魯君的職權。魯昭公三十二年（前五一〇年）十二月，薨於晉地乾侯，季平子議立昭公弟宋為君，是為魯定公。

魯定公五年（前五〇五年）六月，季平子卒，子季桓子繼立；七月，叔孫成子卒，子叔孫武叔繼立。九月，季平子的家宰陽虎，就是《論語》中的陽貨，乘季桓子與叔孫武叔初立，權力基礎薄弱，囚禁季桓子，迫使與之盟誓，進而控制三桓和魯定公，操縱魯國的國政。陽虎之於季桓子，正如季平子之於魯昭公。

當時，季桓子之弟季寤和族人公鉏極、部屬公山不狃得不到季孫氏重用，叔孫輒得不到叔孫氏重用，都依附於陽虎。陽虎欲以季寤取代季桓子，叔孫輒取代叔孫武叔，自己取代孟懿子。魯定公八年（前五〇二年）

十月，陽虎計畫利用魯君祭祀先君的機會，在蒲圃設宴殺季桓子。圃是古代國君設置花木，蓄養鳥獸，以供游息的園林，蒲圃在曲阜的東南郊。由於陽虎安排兵車到達日期，為孟孫氏的郕宰公斂處父察覺，預先安排好兵力，藉機營救季桓子。當陽虎的車隊經過孟孫氏門前時，季桓子說服御者，飛車馳入孟府。陽虎裹脅魯定公及叔孫武叔攻打孟孫氏，為公斂處父所敗，據陽關以叛；陽關在汶水東岸，接近齊國的南境。魯定公九年六月，魯師伐陽關，陽虎敗逃至齊，自齊至晉。

孔子出仕與夾谷之會

同年，魯定公任命孔子為中都宰，這年孔子五十一歲。中都位於曲阜西北方，汶水之南，在今山東汶上縣。他在任內，制定養生送死的規則，為四寸之棺，五寸之槨；遵守墓而不墳的古禮，因丘陵為墳，不封不樹；按百姓強弱分配工作，男女分道而行，民風純樸，路不拾遺，商品貨真價實，不偷工減料。行之一年，四方都效法他的做法。

當時晉為諸侯霸主，齊與晉敵對，而魯為晉的盟友，敵人的朋友就是敵人，因此常受齊國的侵擾。魯定公十年（前五〇〇年）三月，魯國與齊國達成和平協議。這年夏天，魯定公會齊景公於夾谷，簽訂盟約，徵召孔子以司空身分為相，陪同與會。在這裡，相是一種功能性的職務，於國君參加國際活動時，輔助國君處理重大事務，特別是禮儀方面的問題。

夾谷就是祝其，在今山東省萊蕪市境內。當時為魯地，位於曲阜的東北方，齊都臨淄的西南方。

齊國的大夫犁彌（司馬遷〈孔子世家〉作黎鉏）以為孔子「知禮而無勇」，建議齊景公使萊人劫持魯君。周武王初封諸侯時，山東半島尚屬東夷的天下。夷人在山東稱萊夷，在江蘇稱淮夷。齊國安排的這批萊人，可能是齊國向東方開拓疆土時所獲的戰俘。不過魯定公有備而來，他接受孔子的意見，配置了一定的兵力隨行。所以當魯定公進入會場，萊人各持武器蜂擁而上時，孔子命士兵戒備。接著對齊景公以禮相責說：齊魯兩國的國君作友好之會，被俘擄的夷人帶著武器，擾亂會場，不是景公作為諸侯領袖應有的作為。兩君訂定和平之約，神前盟誓，不能容許東夷之人出來擾亂，更不能讓俘擄之人干擾會場。這樣對神為不祥，對事是背義，對人是失禮；相信齊君必不以為然。齊景公聽了無言以對，立刻命萊人退下。神前發誓之前，齊方臨時要求在盟約上增加：齊國出兵到國外時，魯國應以兵車三百乘隨行。周制，兵車一乘有甲士三人，步卒七十二人，合為七十五人，三百乘總計為兩萬兩千五百人。孔子提出對等條款：齊國應歸還歷年所侵魯國汶水之陽的土地，包括鄆、讙和龜陰。

以兩國的實力而言，齊國地廣人眾，有魚鹽工商之利，民性強悍，魯國相對貧弱，難以為敵。但是齊國要和西方的晉國與南方的楚國爭霸，當然希望有一個友好的鄰國以安定後方。魯國雖然有晉國為友，但晉地遙遠，不如有一個和平的強鄰。所以夾谷之會，雙方各取所需。魯定公十年，「齊來歸鄆、讙、龜陰田。」（《春秋》經文）

夾谷之會後，諸侯之間的形勢改變，魯自釐公以來與晉友好，至此背晉與齊、衛、鄭成為友邦。

墮三都，功敗垂成

中都輝煌的政績和夾谷之會傑出的表現，使孔子的形象從民間的教育家、思想家和學術界宗師，轉變為兼具實務能力的政治家，因此贏得魯定公和三桓的信任，季桓子並任命子路為季氏宰，接替陽虎的位置。魯定公十一年（前四九九年），孔子五十三歲，從司空轉任司寇，魯定公並讓他代行相職。司寇是刑獄之官，掌管司法，猶如今天的法務部長，唯地位較高，屬於卿或上大夫階層。

不過孔子的司法理念是「刑期無刑」，實施懲罰是為了產生嚇阻作用，希望不再需要懲罰。

子曰：「聽訟，吾猶人也，必也使無訟乎？」（《論語‧顏淵》）

孔子說，審判案件，我和大家一樣；不過最好是沒有訴訟。孔子對懲罰的效果也不是很有信心。

> 子曰：「道之以政，齊之以刑，民免而無恥；道之以德，齊之以禮，有恥且格。」（〈為政〉）

以政令宣導，以刑罰約束，人民逃避刑罰而失去羞恥之心；以倫理引導，以禮制約束，人民保有羞恥之心，並且知道辨別是非。基本上，孔子希望人民遵守倫理，各自扮演好自己的社會角色，使社會和諧安定；他主張以禮加以誘導，不是以法予以懲罰。對魯國而言，當下正是恢復禮制，重建倫理與秩序的時機。

當時，三桓之首的季孫氏方經陽虎之亂，季桓子差一點失去性命，根本原因就是屬下勢力坐大，而季氏的封邑強固，以致尾大不掉。同樣情形也發生在叔孫氏家族。魯定公十年，叔孫氏封邑郈的馬正侯犯據郈叛魯，叔孫武叔與孟懿子帥師圍郈，無法攻克，後來聯合齊軍攻打，侯犯才棄城逃亡至齊。郈位於孟孫氏封邑郕的西北方，在汶水北岸，與齊國接壤。

子曰：「祿之去公室，五世矣。政逮於大夫，四世矣。故夫三桓之子孫，微矣。」（〈季氏〉）

魯國的爵位與俸祿不由魯公決定，已經五個世代了，國政由大夫執掌，已經四個世代了，三桓的子孫也應式微了。魯國自宣公大權旁落，經過成公、襄公、昭公至定公已經五世。季氏當權，自季武子經過悼子、平子至桓子已經四世。

魯定公十二年（前四九八年），孔子五十四歲，向定公建議：「家不藏甲，邑無百雉之城。」請定公拆毀三桓封邑的城牆。周制，大夫之家不得私藏軍械，地方不得有百雉以上的城牆。城高一丈，長三丈為一雉，百雉就是城牆每面長三百丈，約為現在的六九三公尺。季孫氏的封邑費，叔孫氏的封邑郈，孟孫氏的封邑郕，城牆都超過百雉。

這年夏天，叔孫武叔率先拆毀郈的城牆。繼而季桓子與孟懿子帥師墮費，費宰公山不狃與叔孫輒率領費軍攻入曲阜。魯定公與季桓子、叔孫武叔、孟懿子避入季氏府邸。孔子命申句須、樂頎迎戰，大敗公山不狃和叔孫輒之師於姑蔑，遂墮費。

最後墮郕卻未成功。郕宰公斂處父對孟懿子說：「郕是魯國北方的重鎮，如果沒有郕，齊國就直接打到魯城北門了，而且郕是孟孫氏的保障，沒有郕就沒有孟孫家族，我現在不接受墮郕，請您假裝不知。」公斂處父是孟孫家族的老臣，在魯昭公二十五年昭公伐季平子一役，與定公八年陽虎設計殺季桓子的關鍵時刻，都扮演了改變歷史的角色。魯定公十二年十二月，定公圍郕不克，墮三都功敗垂成。

魯定公以舉國之力難道不能攻克郕邑？當然不是，而是因為三桓不願繼續配合。他們必定明白，依照孔子「君君，臣臣，父父，子子」正名的理想，下一步他們就將失去大權，回歸臣子的地位。單以軍權而言，魯國舊制有上、下二軍，屬於公室。國家有軍事行動時，由三卿輪流帥師征伐，行動結束後，將歸於朝，兵還於民，兵車、裝備藏諸府庫。魯襄公十一年，季武子作三軍，三桓各掌一軍，三分公室之民。昭公五年，季平子廢中軍，四分公室之民，季氏取其二，叔孫氏、孟孫氏各有其一。魯君早已失去發號施令的實權。

魯定公十三年（前四九七年）初，孔子離開魯國，開始他「周遊列國」之旅，這年孔子五十五歲；陪伴他踏上征途的還有多位弟子，我們確知有子路、冉有、顏回和子貢。根據司馬遷《史記．孔子世家》的說法，孔子去魯是因為齊國致送美女、文馬，魯定公受之，怠於政事。然而孔子為什麼不留在魯國繼續他作育英才的舊業？為什麼在國外多年得不到施展抱負的機會仍不返國？更可能的原因是他為政得罪於巨室，被迫離開魯國。

孔子去魯

根據《史記・孔子世家》，孔子離開魯國第一個訪問的國家是衛國。不過《論語・微子》的一章透露，他可能先去了齊國。

> 齊景公待孔子，曰：「若季氏則吾不能，以季、孟之間待之。」曰：「吾老矣，不能用也。」

前面一句是齊景公和大臣商量如何安置孔子，如果給他季氏那樣的待遇，我做不到，可以給他季氏和孟氏之間的待遇。後面一句則是對孔子說的話，我老了，不能用你了。

〈孔子世家〉將〈微子〉的這一章和〈顏淵〉「齊景公問政於孔子，……」連在一起，安排在魯昭公二十五年，孔子適齊初會齊景公之時。不過孔子當時只有三十五歲，不論就學問而言，或就社會地位與聲望而言，齊景公都不可能以季、孟之間的地位待他。況且這年是齊景公三十一年，景公少年即位，當年可能不到五十歲，意氣風發，方與晉國爭霸，也不可能說「吾老矣」。我們如果將〈微子〉這一章的情景延至魯定公十三年，孔子五十五歲，方做完魯國的司寇兼攝相事，則一切都合情合理了。《孟子．萬章篇》有段話，也證明孔子離開魯國確曾去過齊國，但是未被接納。孟子說：

孔子之去齊，接淅而行；去魯，曰：「遲遲吾行也。」去父母國之道也。

接淅而行，是說米已經淘好，準備下鍋煮飯，為了匆忙離開，等待不及，撈起米而行，可能是怕為齊國大臣迫害。司馬遷《史記．孔子世家》也載：

由是為司空，已而去魯，斥乎齊，逐乎宋、衛，困於陳、蔡之間……

但是對「斥乎齊」下文未見交待。

孔子一行大約於魯定公十三年三月到達衛都帝丘，帝丘在今河南省濮陽。根據〈孔子世家〉的說法，衛靈公比照孔子在魯國的俸祿，致粟六萬。不過錢穆認為孔子這次並未見到衛靈公（《孔子傳》）。根據〈世家〉：

> 居頃之，或譖孔子於衛靈公。靈公使公孫余假一出一入。孔子恐獲罪焉，居十月，去衛。

這段話頗有可以商榷之處。衛靈公如果真聽信讒言，只需學齊景公，說一句「吾老矣，不能用也」。或略作暗示，就可以了，何必使出下流手段，派人去騷擾？再說，孔子過匡被匡人拘留，過宋被司馬桓魋追殺，都從容以對，怎麼可能因為公孫余假「一出一入」就怕獲罪而去呢？何況孔子身邊還有子路、冉有和子貢，會容許閒雜人等到孔宅撒野嗎？

孔子這次在衛雖未見到衛靈公，卻接觸到衛國的元老公叔文子和蘧伯玉。

> 子問公叔文子於公明賈曰：「信乎？夫子不言、不笑、不取乎？」公明賈對曰：「以告者過也。夫子時然後言，人不厭其言；樂然後笑，人不厭其笑；義然後取，人不厭其取。」子曰：「其然？豈其然乎？」（〈憲問〉）

公明賈說：告訴你這話的人說過分了。先生該說的時候說，所以人不嫌他說；高興的時候笑，所以人不嫌他笑；正當的情況下取，所以人不嫌他取。

蘧伯玉是善於自我檢討與反省的典型，他曾說「年五十而知四十九非」。

> 蘧伯玉使人於孔子，孔子與之坐而問焉，曰：「夫子何

為？」對曰：「夫子欲寡其過而未能也。」使者出，子曰：「使乎！使乎！」（〈憲問〉）

蘧伯玉派人探望孔子，孔子陪坐，問他說，先生最近忙些什麼呢？使者說，先生想減少自己的過失還沒能做到。來人離開後，孔子讚歎說：真是好樣的使者呀！

孔子在衛國，閒居擊磬自娛。磬是一種石材做成的樂器，掛在木架上敲擊出聲。

子擊磬於衛。有荷蕢而過孔氏之門者，曰：「有心哉，擊磬乎！」既而曰：「鄙哉！硜硜乎，莫己知也。斯己而已矣！深則厲，淺則揭。」子曰：「果哉！末之難矣。」（〈憲問〉）

孔子在衛擊磬，一位背著草簍子的人路過，聽到磬聲說：「是有心人在擊磬嗎？」聽了一會又說：「沒見識！磬聲固執，不知道自己有多大本事。今天的社會已經完了，完了就是完了。為人應識時務，水深的地方就該穿著衣服過去，水淺的地方可以撩起衣服過去。」孔子聽了說：「果然如此，不過不關心也難呀！」

衛國來去

孔子在衛國住了十個月，沒有找到施展抱負的機會，決定到陳國另謀發展。魯定公十四年（前四九六年）春，孔子師徒離開衛都南下，途經匡邑，匡人誤認孔子是陽虎加以拘留。魯定公六年，魯國當時尚是晉國的盟友，侵鄭，取匡，陽虎曾經肆虐匡人。關於這件事，《論語》有下面的記載：

子畏於匡。曰：「文王既沒，文不在茲乎？天之將喪斯文

也，後死者不得與於斯文也；天之未喪斯文也，匡人其如予何？」（〈子罕〉）

文王已經不在了，周的文化大業不就落在我身上嗎？天如果想使周文化滅絕，怎麼會讓我熟知周的文化遺產呢？天如果不想使周文化滅絕，匡人能把我怎麼樣呢？於是使人向蘧伯玉求助，得免，回到衛國，住在蘧伯玉家中。

我們有理由相信，蘧伯玉將孔子的事向衛靈公作了報告，所以衛靈公要求孔子返衛相見；否則他為什麼不繼續南行呢？孔子這次受到衛靈公禮遇，並應邀見了靈公夫人南子。

夫人在絺帷中。孔子入門，北面稽首。夫人自帷中再拜，環珮玉聲璆然。（〈孔子世家〉）

司馬遷的這段描述如身臨其境，夫人在細葛製成的帷帳中再拜回禮，她回禮的動作引起身上佩戴的各種玉飾發出叮叮噹噹的清脆聲音。

南子私通當時有名的美男子宋公子朝，衛靈公並安排他與南子相會於洮；洮是衛邑，在帝丘的東南方。太子蒯聵深以為恥，伺機刺殺南子，為南子察覺，逃亡至晉。不過有人認為，蒯聵不可能刺殺自己的母親，而是南子見蒯聵知情，向衛靈公進讒言，蒯聵懼禍逃亡。

南子的名聲不佳，孔子居然去見她，子路深不以為然。

> 子見南子，子路不說。夫子矢之曰：「予所否者，天厭之！天厭之！」（〈雍也〉）

夫子發誓說：「我如有不當之處，讓老天爺懲罰我！讓老天爺懲罰我！」

有一次，靈公與夫人同車，由宦者雍渠陪侍，讓孔子坐在第二輛車子上，招搖過市。孔子覺得尊嚴受到冒犯，於魯定公十五年（前四九五年）

春末夏初，和弟子們去衛赴陳。

陳在帝丘正南方，不過孔子選擇的路線是經過曹國和宋國。曹在今山東定陶，宋在今河南商丘，商的祖先興起時，就在這一帶向東方發展。孔子師徒在宋遭到司馬桓魋追殺。司馬是掌管兵馬之官，桓魋就是向魋，因為是宋桓公之後，所以稱桓魋。至於他為什麼要追殺孔子，可能的原因是，當時的諸侯和大夫都逾越禮制，而孔子主張正名，恢復禮制，這樣就剝奪了既得利益者的權益。孔子得到消息，說：

天生德於予，桓魋其如予何？（〈述而〉）

「天給我這樣的道德與學問，桓魋能把我怎麼樣呢？」孔子「五十而知天命」，天命就是各種錯綜複雜的歷史事件形成的一種人力無法改變的處境。不過聽天命也要盡人事，不能坐以待斃。師徒在宋失散，西行在鄭國重聚，然後到達陳國。

陳和鄰近的蔡都是中原南部的小國，早期在北方的晉國和南方的楚國兩大之間難為小，如今東方的吳國興起，與楚國爭霸，同樣違依兩難。陳選擇依附楚國，蔡選擇依附吳國。

魯哀公元年（前四九四年）秋八月，吳侵陳，楚發兵相救，亂起，孔子去陳赴衛。

衛靈公聽說孔子來到很高興，向孔子請教作戰布陣之事。孔子說：「俎豆之事，則嘗聞之矣；軍旅之事，未之學也。」（〈衛靈公〉）兩個人話不投機。第二年四月，衛靈公卒，孫輒立，是為出公。晉國得到消息，六月，趙鞅帥師護送蒯聵入戚，意在奪取自己兒子的政權。戚是衛邑，在帝丘北方，黃河東岸。孔子不願涉入父子之間的是非，於這年秋天回到陳國。

在陳絕糧

魯哀公三年（前四九二年），孔子六十歲，居陳。秋，季桓子卒，庶子季康子繼立，召冉有返魯。

子在陳，曰：「歸與！歸與！吾黨之小子狂簡，斐然成章，不知所以裁之。」（〈公冶長〉）

孔子說：「回去吧！回去吧！我門下的年輕人志向遠大，能識大體，學業已經燦然大備，我不知還要如何調教。」冉有和子路是最具行政才幹的孔門弟子。子路正直進取，堅持原則；冉有務實圓通，有時候背離原則，所以孔子會對他嚴辭責備，不過對他的才華還是很稱贊的。冉有一向追隨在老師左右，這次先行返魯，孔子心中不免悵然吧！

根據〈孔子世家〉的說法，孔子於魯哀公四年（前四九一年），六十一歲，「自陳遷於蔡。」蔡國的舊都上蔡，就是今天的河南上蔡，位於陳的西南方。後來遷至新蔡，就是今天的河南新蔡，位於陳的正南方，魯哀公元年（前四九四年）春，「楚子、陳侯、隨侯、許男圍蔡」，遷其民於江、汝之間（《春秋》經文及《左傳》）。第二年，冬十一月，國破民散的蔡侯得到吳國容許，遷於州來（《春秋》經文），稱為下蔡，在今安徽省淮南市，位於陳的東南方，其和陳的距離和陳到帝丘差不多，可以說相當遙遠了。

魯哀公四年，楚昭王在負函建立新邑，安置未隨蔡侯東遷的遺民，由葉公兼治。負函是楚地，在今河南信陽；葉公沈諸梁，曾為楚國令尹，封於葉，就是今天河南葉縣。錢穆認為〈世家〉孔子「自陳遷於蔡」與「遷於蔡三歲」，應是誤解。孔子所到之蔡不是州來，而是葉公所治之蔡，也就是負函（《孔子傳》）。《論語》：

葉公問政。子曰：「近者悅，遠者來。」（〈子路〉）

正是針對當年葉公安撫蔡國遺民以來遠人的使命而言。所以孔子從魯哀公二年自衛返陳，一直住在陳國，當中只有短期到負函訪問葉公。

魯哀公六年（前四八九年）春，吳伐陳，孔子絕糧。司馬遷將這段史實演繹成一篇內容豐富、情節生動的故事。

孔子知弟子有慍心，乃召子路而問曰：「詩云：匪兕匪虎，率彼曠野。吾道非邪？吾何為於此？」子路曰：「意者吾未仁邪？人之不我信也。意者吾未知邪？人之不我行也。」孔子曰：「有是乎？由，譬使仁者而必信，安有伯夷、叔齊？使知者而必行，安有王子比干？」（〈孔子世家〉）

孔子問子路：「《詩》說，不是野牛，也不是老虎，在曠野上跑來跑去。難道我的理想不對嗎？我怎麼會落到如此下場？」子路說：「也許我們的品德還不夠高，所以人家不相信我們。也許我們的學識還不夠好，所以人家不照我們的意思做。」孔子說：「是這樣嗎？如果仁者一定會讓人相信，怎麼會有伯夷、叔齊（餓死在首陽山上）呢？如果智者一定會讓人奉行，怎麼會有王子比干（被人剖腹挖心）呢？」

孔子又用同樣的話問子貢，子貢說：「老師的理想太大了，所以天下容不下老師。老師何不將標準稍微降低一點？」孔子說：「好的農夫可以耕種，但不一定有收穫，好的工匠可以巧妙，但做出來的物件不一定順顧客的心。君子努力使自己的理想完美，讓它條理分明，綱舉目張，但不一定讓人家接受。現在你不想使自己的理想完美，只想讓人家接受，你的志向不是很遠大呀！」

孔子又用同樣的話問顏回。顏回說：「老師的理想太大了，所以天下容不下，然而老師努力推行。容不下有什麼關係？容不下才看出誰是君子。理想不夠好是我們的恥辱，理想夠好而不能用，是有權柄者的恥辱。天下容不下有什麼關係？天下容不下才看出誰是君子。」孔子聽了高興得笑起來。孔子說：「是這樣嗎？顏家的小子，如果你有錢，我來做你的管家。」

司馬遷繪聲繪影，如見其人，如聞其聲，雖然都是他想像出來的對話，但確實反映出孔子的思想，以及子路、子貢、顏回三位孔子最喜歡的弟子各自的態度和境界。

這年夏天，楚昭王出兵救陳，孔子自陳返衛，其後一直住在衛國，等待返魯的機會。這年孔子六十三歲。

魯哀公十一年（前四八四年）春，齊軍伐魯，兵臨城下。魯以孟懿子之子孟孺子帥右師，冉有帥左師迎敵，冉有在右師敗退的情況下大敗齊師。季康子問冉有說：「子之於軍旅，學之乎？性之乎？」學來的還是天生如此？冉有說：「學之於孔子。」夏，吳王夫差聯合魯軍，大敗齊師於艾陵。冬，季康子備齊禮物，使人到衛國迎回孔子。孔子自魯定公十三年（前四九七年）春去魯，在外漂泊十四個年頭，終於回到自己的故鄉，這年六十八歲。

五、孔子的教育事業

孔子在中國歷史上被稱為「至聖先師」、「萬世師表」，因為他學問好，品德好，學不厭，教不倦，樹立了理想教師的典範。

顏淵喟然歎曰：「仰之彌高，鑽之彌堅；瞻之在前，忽焉在後。夫子循循然善誘人，博我以文，約我以禮，欲罷不能。既竭吾才，如有所立，卓爾，雖欲從之，末由也已。」（《論語，子罕》）

顏回字子淵，是孔子最欣賞的學生。唐代儒學中興的先驅李翱認為是唯一得傳孔子性命之學的弟子。他的成就「未到於聖人者一息耳」（《復性書》），至北宋大致確定為孔子之後儒家第一人的地位。然而在顏回心目中，夫子的思想博大精深，愈是仰望，愈覺高不可及，愈是鑽研，愈覺堅不可入。看起來在前面，忽然又在後面。夫子循序漸進，善於誘導弟子，他以知識開拓我的心智，以禮節規範我的行為，我想不追求卻停不下來。等到我才力用盡，似乎有所成就，然而前方又出現一座高聳的標竿，我雖想追隨，已經力不從心。

孟子是孔子之後第一位成一家之言的儒家大師。他引述宰我、子貢和有若三位孔門弟子對孔子的評論說：

孟子曰：「宰我、子貢、有若，智足以知聖人，汙不至阿其所好。宰我曰：『以予觀於夫子，賢於堯舜遠矣！』子貢曰：『見其禮而知其政，聞其樂而知其德。由百世之後，等百世之王，莫之能違也。自生民以來，未有夫子也。』有若曰：『豈惟民哉？麒麟之於走獸，鳳凰之於飛鳥，泰山之於丘垤，河海之於行潦，類也。聖人之於民，亦類也。出於其類，拔乎其萃。自生民以來，未有盛於孔子也。』」（《孟子・公孫丑上》）

堯、舜是孔子心目中的聖人，也許有幾分是他塑造出來的明君典型。宰我居然認為孔子遠超過堯、舜。子貢說：孔子看一國之禮，就知其國之政情，聽一國之樂，就知其國之民風。由百世之後，上溯百世之君王，都不能違背孔子的道理。自有人類以來，沒有人像孔子一樣。有若說：不僅人類如此，麒麟和走獸，鳳凰和飛鳥，泰山和小丘，河海和水坑，同屬一類。聖人和一般民眾也屬一類。然而出乎其類，拔乎其群，自有人類以來，沒有人能超過孔子。

一切都是學習的結果

宋儒認為孔子是聖人，聖人「不思而得，不勉而中」。但孔子自己並不認為如此。

子曰：「我非生而知之者，好古，敏以求之者也。」（〈述

而〉）

我不是生下來就知道的人，我是愛好古往，勤於探求，才知道的人。

子曰：「十室之邑，必有忠信如丘者焉，不如丘之好學也。」（〈公冶長〉）

一個只有十戶人家的小地方，一定會有忠實誠信和我一樣的人，但是不如我好學。

子曰：「三人行，必有我師焉。擇其善者而從之，其不善者而改之。」（〈述而〉）

三個人在一起，一定有人是我的老師。我選擇他們好的地方效法，不好的地方改正。

子曰：「蓋有不知而作之者，我無是也。多聞，擇其善者而從之，多見而識之，知之次也。」（〈述而〉）

世間可能有不學就知道如何做的人，我沒那樣的能力。我是多聽、多看，選擇好的部分記起來，加以遵從。（如果生而知之是上智，）這算是次（等之）智吧。

光是學習還不夠，學習要經過思考才能窮盡所學的道理，發揮所學的作用。

子曰：「學而不思則罔，思而不學則殆。」（〈為政〉）

學習而不思考，就可惜了；思考而不學習，就危險了。

子曰：「吾嘗終日不食，終夜不寢，以思，無益，不如學也。」（〈衛靈公〉）

我曾經整天不吃飯，整夜不睡覺，日夜思考，沒有什麼益處，還是學比較好。學增加我們的知識，讓我們更知道如何去思考；又如打開一扇門，讓我們進入一個更寬廣的境界，豁然開朗，以前一切困惑與問題，都恍然大悟，迎刃而解。學有品德之學，也有知識才藝之學。學習經過思考才能將他人的知識融入自己的思維體系，觸類旁通，啟發智慧，增益我們觀察與解決問題的能力。

子曰：「賜也，女以予為多學而識之者與？」對曰：「然，非與？」曰：「非也，予一以貫之。」（〈衛靈公〉）

孔子問子貢說：「賜呀，你以為我是學識淵博，而且一切都記憶在心的人嗎？」子貢說：「是呀，難道不是嗎？」孔子說：「不是，我是以一個道理，把所有知識貫穿為一體。」

子曰：「吾有知乎哉？無知也。有鄙夫問於我，空空如也，我叩其兩端而竭焉。」（〈子罕〉）

我有知識嗎？沒有。如果有個無知的人問我一個完全不懂的問題，我只要把問題的正反兩面加以分析，問題就明白了。所以他才會說：

溫故而知新，可以為師矣。（〈為政〉）

溫故而知新不是溫習舊的就會知道新的，而是一面溫習已經知道的，一面學習還不知道的。

孔子就是這樣，利用一切機會，不斷學習與思考，成就他至聖的地位。

子曰：「吾十有五而志於學，三十而立，四十而不惑，五十而知天命，六十而耳順，七十而從心所欲，不踰矩。」（〈為政〉）

我十五歲立志求學，三十歲有所成就，四十歲不再感到困惑，五十歲知道客觀條件形成的人生限制與機會，六十歲一切了然於胸，於是坦然接受，七十歲習於適應環境，形成內在規範，因此雖在規矩之中，依然自由自在。

不過孔子真是太自謙了！如果沒有天生聖人的資質，能夠產生這樣的學思效果嗎？

有教無類、因材施教

孔子在後人心中是聖人，但他自己並不認為如此，因為在他心中，聖人有更高的標準。

子貢問於孔子曰：「夫子聖矣乎？」孔子曰：「聖則吾不能，我學不厭而教不倦也。」子貢曰：「學不厭，智也；教不倦，仁也。仁且智，夫子既聖矣。」（《孟子，公孫丑上》）

這段對話涉及孔子思想中兩個重要概念仁和聖的意義。仁者愛人，但愛心必須擴充、實踐並實現，讓人民得到實益才是仁，仁的極致方為聖。（〈雍也〉）

孔子收徒不分貧富，不分貴賤，也不分賢愚。凡來從學的，只要略備薄禮表示敬意，無不加以教誨。

子曰：「有教無類。」（〈衛靈公〉）

孔門弟子中，子貢富有，顏回、原憲貧窮，孟懿子是貴族，高柴愚笨，曾參遲鈍，子張華而不實，子路粗野；他們都在孔子教誨下各有成就。

子曰：「自行束脩以上者，吾未嘗無誨焉。」（〈述而〉）

肉脯十個綑為一束為束脩。孔子說：「凡是準備一束肉乾登門求教的人，我沒有不予教誨的。」

孔子因材施教，不同資質、不同性向的學生，給予不同的教育。

子曰：「中人以上，可以語上也；中人以下，不可以語上也。」（〈雍也〉）

一般資質以上的人，可以和他們談高深的學問，一般資質以下的人，不可以和他們談高深的學問。不過孔子施教，重視品德勝於知識，品德貴在實踐，不是談高深的學問。

子路問：「聞斯行諸？」子曰：「有父兄在，如之何其聞斯行之？」冉有問：「聞斯行諸？」子曰：「聞斯行之。」公西華曰：「由也問，『聞斯行諸』，子曰，『有父兄在』；求也問，『聞斯行諸』，子曰，『聞斯行之』。赤也惑，敢問。」子曰：「求也退，故進之；由也兼人，故退之。」（〈先進〉）

子路問：「聽到就做嗎？」孔子說：「有父兄在，怎麼可以聽到就做呢？」冉有問：「聽到就做嗎？」孔子說：「聽到就做。」另外一位弟子公西華在旁，感到困惑，為什麼同樣的問題，給他們相反的答覆呢？孔子說：「冉有的性格退縮，所以教他進取；子路的性格剛強，所以教他退讓。」

孔子重視主動學習，在弟子有強烈動機、自學不得其解時，方給予啟發，不是採取灌輸式教育。

子曰：「不憤不啟，不悱不發，舉一隅不以三隅反，則不復也。」（〈述而〉）

弟子如果不先努力學習，就不告訴他，如果不先嘗試解釋，就不幫他說出來，如果告訴他一物的一個角，他不能想到另外三個角，就不再教他了。

教育的內容

孔子期許弟子為君子，而君子的最高境界是「修己以安百姓」。所以他給弟子的教育是倫理為先的全人教育。

子以四教：文，行，忠，信。（〈述而〉）

文是知識才藝之學，行是行為，行為要符合倫理，忠和信都是做人的美德；因此行和忠、信都是倫理之學。

子曰：「君子不器。」（〈為政〉）

不器就是全方位的人才，才堪大用，不限於一方面的專業。顏回就是他心目中全方位的人才，子貢經商，樊遲想務農，都得不到他的肯定。

孔子施教所用的教材：《詩》、《書》、《禮》、《樂》，雖然是知識才藝之學，但基本上仍以倫理貫穿其中。

《詩》大致是我們今天看到的《詩經》，內容是周代朝廷和地方的詩歌。

子曰：「小子，何莫學夫詩？詩，可以興，可以觀，可以群，可以怨。邇之事父，遠之事君，多識於鳥獸草木之名。」（〈陽貨〉）

詩訴諸人的情感，最能鼓舞人心，使人奮發努力，所以可以興。詩表現風俗民情，讚美或諷刺政治，可以反映政府施政的得失，所以可以觀。詩教溫柔敦厚，並且用音樂表達，使人的性情歸於平和，易於與人相處，所以可以群。詩又傳達人的哀怨之情，哀而不傷，怨而不怒，不言理而言情，不說服人而感動人，所以可以怨。我們從詩中所學，從小處說可以事奉父母，從大處說可以事奉君主。詩中多用鳥獸草木託物敘事，所以可以多識鳥獸草木之名。詩豐富語言的內容，所以孔子說：「不學詩，無以言。」（〈季氏〉）

《書》亦稱《尚書》，經孔子編訂後，成為後來的《書經》；尚是上古或遠古的意思。《尚書》可能是中國最古老的書，記載的是堯、舜、禹湯、文、武、周公之治，可說是歷史教育；但以儒家倫理的仁、義、誠、信貫穿其中，因此也是品德教育。其中可能也有孔子理想的投射。

《尚書》傳達孔子所嚮往的德政和無為而治。

子曰：「為政以德，譬如北辰，居其所而眾星共之。」（〈為政〉）

不過要做到這一點還需要良好的制度和人才，這就是為什麼孔子重視禮和君子的原因。

禮是倫理的準則，又是倫理的社會支援體系或誘因制度。作為倫理的準則，禮包括儀式和規矩兩部分。然而如果缺少健全的社會誘因制度獎善懲惡，儀式和規矩往往流於形式。可惜這一點常為後世儒者忽視而空談形式。

禮節制人的行為使符合倫理，樂調節人的性情使歸於平和。司馬遷說：「樂至則無怨，禮至則不爭。揖讓而治天下者，禮樂之謂也。」（《史記．樂書》）傳說中的《樂經》佚失，讓我們難以充分了解樂的教化功能。

孔門弟子

孔子大約在二十五歲以後開始教書，至五十一歲出仕，然後周遊列國，六十八歲返魯重理舊業，直到七十三歲逝世。司馬遷《史記．孔子世家》說：「弟子蓋三千焉，身通六藝者七十有二人。」弟子三千似乎不可能，只是表示從學的弟子很多。至於身通六藝者，《史記．仲尼弟子列傳》記載為七十七人。其中可能有誤列也有漏列。

早期的弟子有若干在孔子出仕和周遊列國期間，甚至返魯以後，一直跟在身旁，他們是孔子最忠心的弟子，我們確知的有子路、冉有、顏回和子貢。

仲由字子路，亦稱季路，少孔子九歲，在《論語》中出現四十七次。子路重言諾，性剛強，他是孔門弟子中唯一敢出言頂撞老師的人，也是老師的死忠，用今天的話說是鐵桿粉絲。孔子說：「自吾得由，惡言不聞於耳。」（〈仲尼弟子列傳〉）

冉求字子有，少孔子二十九歲，在《論語》中出現十七次。冉有多才多藝，能力強，但為人圓融，有時失去原則，所以常受孔子責備。

冉求曰：「非不說子之道，力不足也。」子曰：「力不足者，中道而廢，今女畫。」（〈雍也〉）

不是不喜歡老師的道理，只是力量不夠。孔子說：「力量不夠的人，做一半做不下去，你是自我設限。」有一次，孔子真的很生氣了：

季氏富於周公，而求也為之聚斂，而附益之。子曰：「非吾徒也！小子鳴鼓而攻之，可也。」（〈先進〉）

但冉有始終是孔子忠心不貳的弟子，魯哀公十一年，由於冉有打敗齊軍，季康子才迎接孔子返魯。

顏回字子淵，少孔子三十歲，在《論語》中出現十七次。顏回品學兼優，是唯一可能成為孔子傳人的弟子。

子貢姓端木名賜，少孔子三十一歲，在《論語》中出現四十四次。子貢善於經商，在孔門弟子中最為富有；他也是一位傑出的外交家，能言善道，為魯國立下不少功勞。

子謂子貢曰：「女與回也孰愈？」對曰：「賜也何敢望回？回也聞一以知十，賜也聞一以知二。」子曰：「弗如也，吾與女弗如也。」（〈公冶長〉）

孔子居然說：我們兩個人都不如他呀！

孔子晚年身邊的弟子最重要的有卜商字子夏，少孔子四十四歲；言偃字子游，少孔子四十五歲；曾參字子輿，少孔子四十六歲；顓孫師字子張，少孔子四十八歲。孟子曾說：「子夏、子游、子張，皆有聖人之一

體。」（《孟子．公孫丑上》）

子貢問：「師與商也孰賢？」子曰：「師也過，商也不及。」曰：「然則師愈與？」子曰：「過猶不及。」（〈先進〉）

不過子張重功利，子游和曾子對他都有微詞。

曾參是孔門弟子中力學篤行的典型，他傳孔子之學於子思，再由子思傳於孟子。朱熹認為《大學》是曾子所作，《中庸》是子思所作，並將《大學》和《中庸》從《禮記》中抽出來，與《論語》、《孟子》合為四書，成為儒學基本的經典。世稱顏回為復聖，曾子為宗聖，與子思、孟子在曲阜孔廟大成殿中分坐於孔子聖像兩旁，俗稱四配。孔子曾說：「參也魯。」（〈先進〉）魯是遲鈍的意思。曾參天資遲鈍，但成就非凡，對我們資質一般的人應是很大的鼓勵吧！

六、孔子的晚年歲月

魯哀公十一年（西元前四八四年）冬，孔子回到他在魯城曲阜的故里，重拾教育大業，一方面教導年輕一輩的弟子，一方面整理他施教所用與傳之後世的典籍，這些典籍就是《詩》、《書》、《禮》、《樂》。

根據司馬遷《史記．孔子世家》，古者詩三千餘篇，孔子刪其重複，取其可施於禮儀者三百零五篇，皆弦歌之。不過魯襄公二十九年（前五四四年），吳公子季札到魯國訪問，「請觀周樂」，當時他所欣賞的〈周南〉和〈召南〉，各諸侯國之樂，以及小雅、大雅、頌，大致就是孔子時代的規模。

子曰：「吾自衛反魯，然後樂正，雅、頌各得其所。」

（《論語．子罕》）

所以，孔子只是完成對《樂》的訂正，並且就當時已存在的《詩》加以整理與編訂，將風、雅、頌中的詩篇，各自安排在應在的位置，就是我們今天看到朱熹為之作序的《詩經》。

〈世家〉又說孔子「序《書傳》，上紀唐虞之際，下至秦穆，編次其事」。《書傳》就是《尚書》，不過孔子編訂的《尚書》於秦始皇焚書坑儒時散失。濟南伏生偷藏一部於壁中，只有二十九篇，漢文帝時用隸書抄寫了一部，稱為今文《尚書》。漢景帝時又從孔子舊宅壁中發現竹簡篆書《尚書》一部，屬孔安國所有，稱為古文《尚書》，較今文《尚書》多出十六篇。古文《尚書》漢末喪失，東晉梅賾獻孔安國古文《尚書》，時人以為古文《尚書》失而復得，與今文合而為一。朱熹弟子蔡沈奉師命，耗時十載，編成《書經集傳》一部，內分六卷五十八篇，就是我們今天看到的《書經》。不過經過多年考據和爭論，到了清代，終於確定古文部分是偽本。今文部分雖然為真，內容亦有不實之處。錢穆認為只有西周部分或許才是《尚書》本來面貌。（《中國史學名著》）

禮包括儀式、規矩和制度三部分。儀式主要是表達心意或情感的標準化程序和形式，其中也涉及相關的器物如建築、車馬、衣飾，及用品，以區別身分和地位。這些程序和形式，經過夏、商、周三代的演化，在西周盛世已經非常複雜。然而到了春秋時期，由於周室式微，天子失去權威，制度敗壞，以致儀式和規矩難以維持。孔子自衛返魯，「追跡三代之禮」（〈孔子世家〉），加以整理。

子曰：「殷因於夏禮，所損益可知也；周因於殷禮，所損益可知也；其或繼周者，雖百世可知也。」（〈為政〉）

殷商的禮是因襲夏代而來，其修正與補充，我們可以想到，周代的禮是因襲殷商而來，其修改與補充，我們也可以想到，以此類推，周代以後的禮也是可得而知的。因此，孔子參考夏、商之禮，將周至春秋後期殘缺錯亂的禮儀加以整理，使之臻於完備。

不過孔子整理出來的《禮》失傳。我們現在看到的是西漢宣帝時期，戴德與其侄戴聖，集春秋至漢初後儒所作，為大戴《禮記》（今亦殘缺）與小戴《禮記》；其中只有小戴《禮記》中的〈檀弓〉為孔門弟子所述。

孔子晚年除了整理《詩》、《書》、《禮》、《樂》，另外一項重要工作就是作《春秋》。朱熹在《五經讀本·春秋三傳·綱領》中說：

> 周衰，王者之賞罰不行於天下，諸侯強凌弱，眾暴寡。是非善惡由是不明，人欲肆而天理滅矣！夫子因魯史而修《春秋》，代王者之賞罰。是是而非非，善善而惡惡，誅姦諛於既死，發潛德之幽光。是故《春秋》成，而亂臣賊子懼。

《春秋》上起魯隱公元年（前七二二年），下迄魯哀公十四年（前四八一年），將各國重大歷史事件，用精準的文字，評論其善惡是非，作為行為準則，以代替式微的王法，發揮禮作為社會誘因制度的功能。

我們今天看《春秋》的經文，猶如讀新聞媒體的標題，雖有深厚的文字修養和歷史知識，也很難了解其簡約文字中的精微深意。因此才有左丘明的《左傳》和《公羊》、《穀梁》三傳加以說明和解釋。其中《左傳》說明事實，《公羊》和《穀梁》解釋經義。經義就是《春秋》經文所隱含的微言大義。

泰山頹乎！哲人萎乎！

魯哀公十二年，孔子六十九歲，他的獨子伯魚卒。

魯哀公十四年春，魯國的附庸小邾國大夫射，以句繹降魯。小邾位於曲阜東南方，句繹是其西北部靠近曲阜的領地。大夫射要求只要子路和他約定就好，不需要與魯國立盟。魯派子路出面，子路不肯答應。季康子請人對子路說：「魯是有兵車千輛的大國，射不相信魯國的盟約而相信先生一句話，先生和他相約有什麼不好呢？」子路說：「魯國如果對小邾用兵，我不敢問為什麼，死在小邾城下都可以。現在射背叛自己的國家而由我來成全他，那就是我認可他的行為。這樣的事我不能做。」（《左傳·哀公十四年》）他真是一位信守承諾又堅持原則的君子。

這年，子路離開魯國到衛國擔任當權大夫孔悝的邑宰。行前顏回告訴他：「離開自己的國家要先到墓地哭後再行；回來的時候不哭，到墓地探視就好。」（《禮記·檀弓下》）兩位老友依依話別，不料這年顏回病逝。

顏回死，子曰：「噫。天喪予！天喪予！」（〈先進〉）

啊呀！天要毀滅我了！天要毀滅我了！

顏淵死，子哭之慟。從者曰：「子慟矣！」曰：「有慟乎？非夫人之為慟而誰為？」（〈先進〉）

我不為這個人傷心，為什麼人傷心呢？

魯哀公十五年，衛國發生了一件大事，衛出公逃亡在外的父親蒯聵勾結他的姊姊孔姬，自戚邑潛入衛都，劫持自己的外甥孔悝，奪取君位；出公出走，投奔魯國。子路得知消息，直奔孔府，在大門外遇到另外一位孔門弟子子羔從裡面出來。子羔說：「大門已經關了。」子路說：「我姑且試試看。」子羔說：「不參與人家的政治，不需要涉入人家的危難。」子路說：「食人家的俸祿，就不應避人家的危難。」子路入府挑戰蒯聵，要他釋放孔悝，為蒯聵的徒眾以戈擊中，帽帶也擊斷。子路說：「君子死，帽不可脫落。」遂繫上帽帶，從容就義。這年子路六十三歲。

孔子聽到子路去世的消息，哭於房外的院子之中。這時有人前來弔唁，孔子向他行禮道謝。哭過之後，請客人進入房內，探問詳情。客人說，已經剁成肉醬了。孔子聽了，命人將家裡的肉醬都倒掉。（《禮記・檀弓上》）

魯哀公十六年（前四七九年）夏四月的一個清晨，

孔子蚤作，負手曳杖，逍搖於門。歌曰：「泰山其頹乎？梁木其壞乎？哲人其萎乎？」（《禮記．檀弓上》）

這時正好子貢來看他。孔子說：

賜，爾來何遲也！夏后氏殯於東階之上，則猶在阼也。殷人殯於兩楹之間，則與賓主夾之也。周人殯於西階之上，則猶賓之也。而丘也，殷人也。予疇昔之夜，夢坐奠於兩楹之間。夫明王不興，而天下其孰能宗予？予殆將死也。（〈檀弓上〉）

夏人死後停棺在廳房的東階，當作未離開的家人；殷人停棺在兩柱之間，當作在家人和客人之間；周人停棺在西階，當作即將離開的客人。我是殷人，有天晚上，夢見坐在兩柱之間祭奠。世上沒有明君出現，天下有誰能信奉我的主張呢？我恐怕就要死了。

七天後孔子逝世，時間是魯哀公十六年（前四七九年）夏四月己丑，即四月十一日，距生於魯襄公二十二年（前五五一年）十一月庚子，年七十三歲。

根據〈孔子世家〉，「孔子葬於魯城北泗上。」〈世家〉可能有誤，因為當年洙水在北，泗水流經故城之南。

孔子去世後，弟子守喪三年，有喪而無服，稱為心喪。

孔子之喪，弟子疑所服。子貢曰：「昔者，夫子之喪顏淵，若喪子而無服，喪子路亦然。請喪夫子，若喪父而無服。」（〈檀弓上〉）

三年居喪完畢，弟子相互話別，行前又到墓前痛哭，各自盡哀。有人留下來，唯有子貢在墓旁結一草屋，又住了三年才離開。師徒情深，讓後人無限感懷！

司馬遷在〈孔子世家〉總結孔子一生的成就，有以下的贊辭：

太史公曰：「《詩》有之：『高山仰止，景行行止。』雖不能至，然心鄉往之。余讀孔氏書，想見其為人。適魯，觀仲尼廟堂車服禮器，諸生以時習禮其家，余低回留之，不能去云。天下君王至於賢人，眾矣，當時則榮，沒則已焉。孔子布衣，傳十餘世，學者宗之。自天子王侯，中國言六藝者，折中於夫子，可謂至矣！」

司馬遷可能想不到，如今孔子逝世已經兩千五百餘年，我們依然需要孔子的智慧解救世界當前的危難，我們會再次錯過，讓世界沉淪嗎？

（摘自拙著《孔子新傳：尋找世界發展的新模式》，二〇二一。其中若干部分有新的補充與發揮，二〇二二年十月二十五日修訂完稿。）

第二章

亞當・史密斯——道德情操論與國富論

一、生平[1]

亞當．史密斯（Adam Smith），一七二三年六月五日出生於蘇格蘭首府愛丁堡（Edinburgh）附近的一個小鎮柯卡地（Kirkcaldy）。他的父親老亞當．史密斯曾任蘇格蘭軍事法庭的法務官（Judge Advocate）和海關的審計官（Comptroller of Customs），在史密斯出生前不久去世。史密斯由寡母瑪格麗特（Margaret）撫養長大，母子相依為命；史密斯終身未娶，除了旅行在外，都陪在母親身邊，直到瑪格麗特九十歲去世。

史密斯身體孱弱，性情和善，令人樂於接近。他從小喜歡讀書，聰慧過人，常常自言自語，心不在焉，沉迷在自己的世界。

一七三七年，史密斯十四歲，離家到格拉斯哥（Glasgow）大學就讀。格拉斯哥是蘇格蘭西岸的一個港口城市，當時英國殖民北美，海上交通頻繁，格拉斯哥也隨之興盛。格拉斯哥大學是一所小而美的大學，全校只有十二位教授，但學術思想活躍，是蘇格蘭啟蒙運動的重鎮。

史密斯在格拉斯哥大學成績優異，一七四〇年，獲史乃爾（John Snell）獎學金，每年四十英鎊，到牛津大學就讀於巴利歐學院（Balliol College）。牛津大學雖然是名校，但教授因薪水固定，不認真授課，加以生活昂貴，四十英鎊並不寬裕，而且當時蘇格蘭人在英格蘭受到歧視，史密斯在牛津鬱鬱寡歡。所幸圖書館藏書豐富，史密斯投身其間，博覽群籍；他對法律、經典與文學特別感到興趣。

一七四六年，史密斯回到故鄉柯卡地讀書寫作。兩年後應邀在愛丁堡發表一系列公開演講，主題是英國文學和法律思想，聽講人數眾多，頗獲佳評。

一七五一年，史密斯出任格拉斯哥大學邏輯學教授，繼而獲聘為道德哲學講座教授（Chair of Moral Philosophy），這年二十八歲。當時道

1 本節主要根據 Edward W. Ryan, *In the Words of Adam Smith: The First Consumer Advocate*, Thomas Horton and Daughters, Arizona, 1990, chapter 3.

德哲學包含神學、倫理學、法學、政治經濟學，內容廣泛；史密斯是一位成功的教授，甚受學生歡迎。他在政治經濟學方面講授的內容，後來發展為《國富論》（*An Inquiry into the Nature and Causes of the Wealth of Nations*, 1776），使他成為經濟學的始祖；倫理學的內容則撰成《道德情操論》（*The Theory of Moral Sentiments*），於一七五九年在倫敦出版，讓他的名聲遍及英國和歐陸，奠定他在倫理學的權威地位。那年史密斯三十六歲，還是一位年輕的教授。我們可以想像，他對自己的第一本著作不是很有信心。一七五九年四月十二日，他收到好友大衛．休謨（David Hume）從倫敦來信，告訴他說：「如果你已經做好了『最壞』的準備，那麼我現在要告訴你『這個傷心的消息』（the melancholy news），那就是，不幸『社會大眾似乎傾向於給這本書極大的讚美』（to applaud extremely）。」[2]史密斯展信嚇了一跳吧！

一七六四年，後來出任英國財政大臣的湯慎德（Charles Townshend），禮聘史密斯擔任他的繼子巴克勒公爵（Duke of Buccleuch）的家庭教師，陪同少年公爵遊學歐洲大陸，明訂每年致酬五百英鎊，任務結束後每年致送年金三百英鎊。當時史密斯在格拉斯哥大學每年收入，視選課學生多寡，大致在一百五十至三百英鎊之間。這年三月一日，史密斯向格拉斯哥大學辭職，陪同巴克勒公爵訪問法國。

史密斯在法國認識了重農學派（Physiocrats）的一些重要學者，包括創始者法王路易十五（Louis XV）的御醫奎奈（Francois Quesnay）。當時重商主義思想流行，西歐各國追求貿易順差，獎勵出口，限制進口，對國內經濟與生活加以管制，導致效率低、分配不均、政府腐化。重農學派是對重商主義思想的反動，主張自由貿易，政府對經濟的干預應減至最低，即所謂自由放任（laissez-faire），並認為只有農業是生產性的。奎奈將血液在人體內的周流，應用於經濟分析，發表他的「經濟表」（Tableau Economique），風行一時。史密斯在他的《國富論》中，反對重商主義思

---

2 Adam Smith, *The Theory of Moral Sentiments*, Penguin Classics, 2009, p. vii.

想，主張自由貿易與減少政府干預，是否受重農學派的影響，我們無法確知，但至少與重農主義不謀而合。

一七六五年，史密斯和公爵訪問日內瓦，認識了世界文學泰斗伏爾泰（Voltaire），有多次晤談的機會，史密斯對伏爾泰十分傾慕。一七六五年是中國清高宗乾隆時期。西方傳教士自明末來華，帶來西方科技，也將中國思想傳入歐洲，成為西方知識階層熱心討論的話題。史密斯在《國富論》中多次以中國舉例，並說中國比歐洲任何地方富有，但沒有進步；用現代的話說，就是缺少經濟成長。有人認為，史密斯重視自利和經濟自由的思想與司馬遷《史記．貨殖列傳》頗多神似之處，是否受司馬遷的影響？唯《史記》當時似乎尚未傳入西方。

一七六六年十一月一日，史密斯結束他和公爵的歐陸之旅，返抵倫敦，作短期停留。一七六七年春回到故鄉，陪伴母親，專心寫《國富論》；至於《國富論》的構思，則於遊學法國時已經開始。一七七三年他攜帶尚未完成的《國富論》初稿至倫敦，和知識界人士切磋討論，其中包括來自美國的富蘭克林（Benjamin Franklin）。一七七六年三月九日，歷史上第一部可稱為政治經濟學的巨著《國富論》問世，真是「十年辛苦不尋常！」如果從他一七五一年出任格拉斯哥大學講座教授，講授政治經濟學算起，時光悠悠已經二十五年。

一七七八年，史密斯出任設立在愛丁堡的蘇格蘭海關總監，年薪六百英鎊，加上擔任巴克勒公爵家庭教師的年金三百英鎊，另外還有著作收入，讓他得以優遊歲月，閱讀文學作品，參加俱樂部活動，並請好友到家中歡聚，物質富裕，生活幸福。

一七八四年史密斯的母親逝世，一七八七年格拉斯哥大學授予他榮譽校長名位，其後數年身體與精神大致良好。一七九〇年七月十七日與世長辭，享年六十七歲。

史密斯的《道德情操論》生前修訂五次（一七六一，一七六七，一七七四，一七八一，一七九〇），《國富論》也修訂五次，第五次於史密斯逝世後出版（一七七八，一七八四，一七八六，一七八九，一七九一）。

二、道德情操論

人性有利己的成分，也有利他的成分。利己之心讓我們關心自己的利益，利他之心讓我們關心他人的利益。關心自己的利益產生自利（self-interest）的動機，關心他人的利益是因為我們有同情之心（sympathy）。史密斯在《道德情操論》中談同情，在《國富論》中談自利，他認為個人追求自己的利益，可以促進社會全體的利益。史密斯說，每個人追求自己的利益，冥冥中如有一隻看不見的手帶領，結果達成社會全體的利益，而且比蓄意想達成社會的利益有更高的效率。個人利益和社會利益一致，為個人追求自利取得道德上的正當性。《國富論》問世之際，正當工業革命從英國開展之時，世界自此從「傳統停滯時代」（traditional stagnation epoch）進入「現代成長時代」（modern growth epoch）。《國富論》不僅使史密斯成為經濟學的始祖，也成為資本主義經濟制度的代言人。

諾貝爾經濟學獎得主阿瑪迻亞．沈恩（Amartya Sen）在他為 Penguin

版《道德情操論》所寫的〈導言〉中說：《道德情操論》出版後風光一時，但從十九世紀初開始黯然失色。談到倫理學，世人只知道康德（Immanuel Kant），少有人知道亞當．史密斯；談到亞當．史密斯，世人只知道他是《國富論》的作者，少有人知道他是《道德情操論》的作者。[3]

事實上，史密斯像中國的孟子，是一位性善論者。他在《道德情操論》第一篇第一章第一段就寫下：

> 不論我們認為人多麼自私，在他的天性中顯然有一些原則，讓他關心別人的幸福，樂於看到他人的快樂，雖然他從中並無所獲，只是樂於看到而已。例如憐憫與同情，也就是當我們看到或感到別人的不幸時所感受的一種情緒。我們常從別人的悲傷中感

3 Adam Smith, *The Theory of Moral Sentiments*, Penguin Classics, 2009, p. vii-viii.

> 到悲傷，是一種顯而易見的事實，不需要任何證明。而且這種情感就像人性中所有其他原始的熱忱一樣，並不限於善良慈悲之士，雖然他們的感受可能比較細微靈敏，即使是窮凶極惡之輩，與鐵石心腸的亡命之徒，也非全無同情之心。[4]

史密斯的「同情之心」就是孟子的「惻隱之心」。孟子說：「今人乍見孺子將入於井，皆有怵惕惻隱之心。」就像史密斯說：「當我們看到或感到別人的不幸時所感受的一種情緒。」《孟子》：齊宣王看到有人牽牛而過堂下，「不忍其觳觫，若無罪而就死地」，命令「以羊易之」。就像史密斯所說，利他之心是自身感受的投射，眼不見為淨。孟子說：「惻隱之心，仁之端也。」必須「擴而充之」始「足以保四海」，否則「不足以事父母」。史密斯的同情之心也必須轉化為社會力，才能成為普遍性的道德。

人皆有同情之心，也都需要別人的同情，一個人的行為或情緒如果得到我的同情，我就會覺得正當（propriety），否則就是不當（impropriety）。不過社會上所有人的行為正當與否，不能根據一個人的感覺來決定，史密斯於是提出「不偏不倚或公正的旁觀者」（impartial spectator）的概念，以反映社會上一般的看法。不僅行為的正當與不正當，行為的可敬（merit）與可惡（demerit）也由公正的旁觀者來判斷。可敬的行為應予讚美與獎賞，可惡的行為應予譴責與懲罰。史密斯的道德哲學並非設定一般性的準則以指導我們的行為，而是從社會對行為的評定中，尋找一般性的原則。

史密斯的「公正的旁觀者」，就像我國傳統道德思想中的「舉頭三尺有神明」，觀察和引導我們的行為，走向善良、為社會大眾同情的方向。又像「天視自我民視，天聽自我民聽」，而天和人之間有我們的良心存焉。史密斯說：

4 Adam Smith, *The Theory of Moral Sentiments*, Penguin Classics, 2009, p. 13.

並非人性的柔軟，亦非大自然在人心點燃起來的仁慈之微光，抵消了自利的強烈衝動，而是一種更強大的力量，更有力的動機發揮了作用。那就是理性、原則、良心，我們胸中的居住者，我們心中的那個人，也就是我們行為的偉大審判者和仲裁者。每當我們的行動影響到別人的幸福時，此人就會發出響亮的聲音，驚醒我們過分的欲望，告訴我們，我們只是萬眾之一，不比其他任何人為優，當我們自以為高人一等時，就成為別人生氣、厭惡、甚至咒罵的對象。5

史密斯以上的說法，多麼像中國的「內疚神明，外慚清議」。

史密斯說：

多為別人著想，少為自己著想，節制私欲，樂施仁慈，成就人性的完美；如此即可在人世產生情意（sentiments）與私欲

（passions）之間的和諧，表現出優雅與合宜。按照基督教的偉大律法，怎麼樣愛我們自己，就怎麼樣愛我們的鄰居；正如自然界的偉大教訓，怎麼樣愛我們的鄰居，就怎麼樣愛我們自己，或者說，我們的鄰居如何愛我們，我們就如何愛我們的鄰居。[6]

史密斯的「節制私欲，樂施仁慈」，猶如朱熹的「滅人欲，存天理」。史密斯又說：

> 雖然諺語云，每個人對他自己而言就是全世界，但對其他人而言，則只是其中最不重要的一部分。儘管他的幸福對自己而言，比他以外全世界都重要，但對其他人而言，則不比任何其他

5 Adam Smith, *The Theory of Moral Sentiments*, Penguin Classics, 2009, p. 159.

6 Adam Smith, *The Theory of Moral Sentiments*, Penguin Classics, 2009, p. 31.

> 人重要。因此，儘管每個人內心認為自己優先於全人類，但無人膽敢面對全人類宣稱可依此而行。他心知別人永遠不會同意他有優先的地位；不論對他而言何等自然，但在別人眼中總感過分。當他以別人看待他的眼光看待自己時，就會明白，對他們而言，他只不過是萬眾之一，不比任何其他人優先。[7]

雖然感到自己重要，但必須把自己置於和眾人一樣的地位，這就是公平。公平就是以同樣原則對待包括自己在內的所有的人，不為自己的利益犧牲別人的利益。這在中國儒家倫理中就是恕：己所不欲，勿施於人。

人生三美德：審慎、公平與仁慈

史密斯說，我們關心自己的幸福，所以產生審慎的美德（the virtue of prudence）；我們關心別人的幸福，所以產生公平的美德（the virtue of justice）和仁慈的美德（the virtue of beneficence）。

審慎讓我們追求物質財富和社會地位、權力與名聲，而後者比前者更重要；前者可稱為經濟價值，後者可稱為社會價值。人需要一點物質財富，才能享受健康愉悅的生活；需要被社會認可、肯定，有一定的影響力才會覺得人生有意義。經濟價值和社會價值互相依存；經濟價值有助於社會價值的經營，而社會價值有助於經濟價值的取得。

史密斯對財富的需求有兩個重要的特點：第一，人生幸福只有小部分來自一時物質的享受，較多部分來自過去愉悅的回憶，更多來自未來美好的期待。因此精神的愉悅遠比身體的愉悅重要。他認為「眼睛大於肚子」，人生不需要太多物質財富，有錢人擁有的財富雖多，但真正享受的其實沒有比窮人多很多。史密斯說：

7 Adam Smith, *The Theory of Moral Sentiments*, Penguin Classics, 2009, pp. 100-101.

說到身體的安逸和精神的平靜，社會上所有不同階層的人大致都一樣，那個在馬路旁晒太陽的乞丐所擁有的安全，國王們打仗才能得到。8

第二，史密斯主張取得財富的方式是勤勉努力、自強不息為社會創造財富，或在創造財富的過程中做出貢獻，而不是對社會無所貢獻取得不義之財。關於這一點，他在《道德情操論》和《國富論》的立場是完全一致的。

因此史密斯審慎的美德，雖然有別於中國儒家倫理不主張自己的利益，但他等貧富與貧而樂的態度像顏回，則與儒家的倫理思想是一致的。

公平是不傷害別人的利益，仁慈是增加別人的利益，前者接近儒家倫理的恕，後者接近仁，不過範圍都較狹窄。公平是絕對的義務，必須要求；仁慈不是絕對的義務，只能期待。社會如長期失去公平即無法存在，因為失去公平會引起利害衝突，破壞社會的秩序、和諧與安定；失去仁慈則仍可以運作，雖然並非在美好理想的狀態。仁慈猶如蛋糕上的奶霜，為人間增添甜美。

審慎的美德、公平的美德與仁慈的美德都會產生愉悅美好的效果。審慎讓行為人得享安全；公平讓所有和行為人相關的鄰居、社會與企業得到安全，因為不會受到傷害；而仁慈讓人感激與尊敬。史密斯說：

> 為人如能做到恰好的（perfect）審慎，嚴格的（strict）公平，與適當的（proper）仁慈，可謂品格完美矣。[9]

不過知易行難，真能達到這樣人格完美的境界，還需要一生的自尊、自律與修養。

---

8 Adam Smith, *The Theory of Moral Sentiments*, Penguin Classics, 2009, p. 215.

9 Adam Smith, *The Theory of Moral Sentiments*, Penguin Classics, 2009, p. 280.

三、重商主義[10]

歐洲中古時期到了末期，自給自足的封建農業經濟式微，工商業萌芽，城市與貨幣經濟興起。民族國家肇建，紛採富國強兵的政策，發展對外貿易，開拓海外市場，建立殖民地，攫取資源。

一四八八年，葡萄牙人狄亞士（Bartolomeu Dias, 1451-1500）發現南經非洲好望角到印度的海上路線。一四九八年，達伽瑪（Vasco da Gama）循線到達印度，成為歐洲進入東方的第一個海上霸權。一四九二年，義大利人哥倫布在西班牙王室資助下，西渡大西洋，發現中美洲，結束歐洲中古時代。一五一九年，葡萄牙人麥哲倫在西班牙資助下，橫渡大西洋抵達南美洲；回程跨越太平洋，在菲律賓死於非命，船隊中的維多利亞號於一五二二年返回西班牙，完成環繞地球一周的壯舉。其後英國、荷蘭、法國等相繼興起，世界進入重商主義時期。

所謂重商主義（mercantile system, mercantilism）是十六到十八世紀末

期，西歐一些商人、政治人物與行政官員在經濟方面所提出的主張，主導了這些國家的經濟政策。此一時期世界經濟的基本特質，就是尚無持續的技術進步，因此長期中，只有緩慢的ＧＤＰ增加，而無人均產值與人均所得增加。工業革命雖然已於十八世紀後期從英國開始，但尚少有人察知。在這種情形下，一國欲使其ＧＤＰ快速增加，國力壯大，只有兩個途徑：一個是發展對外貿易，產生分工、專業與規模經濟，使勞動生產力提高；不過這些經濟學上的觀念，要到亞當・史密斯的《國富論》於一七七六年問世，才開始有人了解。此外，創造貿易順差，賺取當時作為貨幣的金、銀，貨幣增加使利率下降，引起投資增加，使就業與ＧＤＰ增加；不過這是凱因斯（John M. Keynes）一九三六年在《就業、利息與貨幣一般理論》（*The General Theory of Employment, Interest and Money*）中提出的理論，當時

---

10 本節若干部分取材自 Edward W. Ryan, *In the Words of Adam Smith: The First Consumer Advocate*, chapter 2.

尚不為人所知。另外一個途徑就是對外侵略，建立殖民地，拓展疆土。這兩種壯大國力的思想，從工業革命開始，世界經濟進入現代成長時代，技術持續進步，GDP和人均產值、人均所得持續增加，迄今雖已超過二個半世紀，但仍殘留在若干西方資本主義已開發或先進國家的文化之中。

重商主義時代以金銀為流通的貨幣，貨幣的俗稱就是錢。重商主義者（mercantilists）認為財富（wealth）就是金、銀，一國的金銀總值，就是這個國家財富的指標。因為貨幣是交易的媒介，我們有了貨幣就可以購買任何需要的物品。貨幣也是價值計算的標準，我們以貨幣計算所有商品的價值；富人就是有錢的人，富國就是有錢的國家。貨幣又是價值儲存的工具，必要時可以轉化為交易的媒介；國家有了錢就可以從事建設，充實軍備，富國強兵。

一個國家如果自己沒有金銀礦藏，就只有通過對外貿易，創造順差，賺取金銀，以累積財富。所以重商主義的經濟政策，就是獎勵出口，限制進口。為了獎勵出口、限制進口，政府必須干預國內的產業發展與勞力使用，甚至人民的生活。

創造順差，賺取金銀，一方面是延後的消費，所以不能增加全民福祉，一方面是不生產的投資，所以不能使GDP增加。適度延後消費以備不時之需是審慎；過度延後消費，儲積大量金銀，以致犧牲人民的幸福，浪費國家的資源，則是愚蠢。

如今世界已經發生了重大的改變。自從十八世紀後期工業革命從英國開始展現以來，技術進步在資本主義制度誘因與科技研發支持下，取得連續不斷的性質，世界經濟從「傳統停滯時代」進入「現代成長時代」，勞動生產力不斷提高，總產值與人均產值不斷增加。一國在技術停滯的情況下，資本的邊際生產力為零，投資為零，持有貨幣的成本亦為零。然而進入現代成長時代，技術持續進步，勞動生產力不斷提高，資本的邊際生產力和投資為正值，持有貨幣的成本隨之提高。國際貨幣制度也從過去的黃金本位，發展為第二次世界大戰後的黃金－美元本位，而經過一九七一年美國尼克森總統的所謂新經濟政策，將美元與黃金脫鈎，轉變為信用貨幣。美國以外的世界各國，以黃金、美元及其他選擇的外幣為外滙準備，使持有外滙在成本之外增加貶值的風險。各國貨幣與美元之間的滙率，也從固定滙率制度（fixed exchange rate regime）演化為浮動或變動滙率制度（floating, flexible exchange rate regime）。然而很多發展中國家，直到上個世紀八〇年代，甚至直到今天，仍然保有重商主義的心態：視外滙為財富，以促進出超、賺取外滙為政策的目標，忘記貿易政策只是促進經濟成長、增加國家財富的手段。

基本上，出口是本國生產的商品為外國所用，進口是外國生產的商品為本國所用。台灣的對外貿易自一九七一年出現順差，也就是出超，除一九七〇年代兩次能源危機轉為逆差，順差占GDP的百分比逐年擴大，一九八六年最高時達二〇％，主要出超的對象為美國。美國諾貝爾經濟學獎得主傅利曼（Milton Friedman），一九八〇年代初期訪問台灣時曾說：「一個貧窮的國家像台灣，補貼一個富有的國家如美國，是愚蠢的行為。」（It is stupid for a poor country like Taiwan to subsidize a rich country like the United States.）進入二十一世紀，中國大陸出口大量增加，出超隨之擴大，其占GDP之比，二〇〇〇年為一．二%，二〇〇七年增為一一．三%，主要出口對象為美國。二〇〇九年美國另外一位諾貝爾經濟學獎得主克魯曼（Paul Krugman）說：「他們給我們有毒的產品，我們給他們不值錢的紙張。」（They give us poisoned products, we give them useless papers.）

重商主義的經濟政策

重商主義的經濟政策各國不一，但基本上都是增加出口、減少進口的經濟措施，以促進貿易順差，賺取金銀，亦即增加他們心目中認定的財富。

為了減少進口，凡本國消費的物品，盡量由國內生產，本國無力與國外競爭的產業，由政府以補貼方式與徵收進口關稅加以保護。而且進口最好只限於原料，然後在國內製成產品，賣給殖民地和其他國家。

各國努力協助本國產業發展，賦予發明者與政治關係良好者獨占特權。獎勵技術工匠移民來歸，限制他們外移。為了鼓勵出口產業，政府一方面予以補貼，以加強其價格上的競爭力，一方面對其生產加以管制，以確保產品精良。對於在世界各地從事經貿活動的公司，例如英國的東印度公司，政府授予獨占特權，甚至讓它們擁有自己的武力。

英國補貼的產業很多，包括礦業、軍品、煤炭、玻璃、醋和羊毛。為了鼓勵羊毛業發展，禁止活羊出口與印度的棉布進口，規定死亡者必須穿羊毛製成的壽衣火化。由於羊毛衣料在中國南方缺少市場，以致對中國的貿易發生逆差，需以白銀支付；為求節制白銀外流，大量走私鴉片到中國，結果導致中英鴉片戰爭。由於漁業是重要產業，而且漁船和水手戰時可供海軍徵用，所以鼓勵漁業發展，甚至規定人民每週只能食肉一次，以增加魚肉的消費。

重商主義在法國最為雷厲風行。法國和英國一樣，補貼特定產業，授予獨占特權。為確保產品品質，政府對生產過程中的每一部門都訂定規則，由政府決定生產什麼、由誰生產、如何生產、在什麼地方生產，工資和價格也由政府決定。由於政府管制太多、太嚴，不僅妨礙價格機制（price mechanism）運作，使生產效率降低，並且限制人民的生活和自由，因此產生重農學派自由放任的主張。

殖民地的主要經濟功能，是為母國提供國內產業所需的原料，並為母國出口產品的市場。殖民地不得發展與母國競爭的產業；其產品的運輸，大部分限於使用母國的船隻。

重商主義鼓勵人口增加，以確保產業發展所需的人力，以及戰時所需的士兵和水手。法國以租稅減讓鼓勵早婚，並對育有十個及以上子女的家庭給予免稅的獎勵。

政府負責人力在不同職業間的分配，並決定他們的工資。工資決定的原則，雖然不是為了讓工人階層貧窮，但認為工資過高可能導致怠惰與逸樂，而低工資與持續工作，不但有利於產業與出口的發展，並可使上層階級繼續維持優渥的生活。

救貧的工作，英國在宗教改革前，主要由教會承擔；宗教改革後，教會財產充分，成為地方政府的責任。救貧所需的經費向各個教區課稅，而由地方官員掌管，窮人在地區間的移動受到限制，於是貧窮的情形更難獲得改善。

四、國富論

亞當．史密斯認為，一國的財富並非貨幣或金銀，而是該國每年的勞動力所提供其每年消費的生活必需品和便利品；其中一部分為該國的直接產出，一部分為以直接產出從其他國家換取的物資。

一國的貧富，要看該國人口相對於這些生活必需品與便利品每年供應的多寡。

一國的貧富決定於兩個因素：一個是該國勞動力的熟練、技巧與判斷所表現出來的勞動生產力，另外一個是用於生產和未用於生產的勞動力之比例。在這兩個因素中，前者比後者更為重要。[11]

史密斯所說的財富（wealth）其實是今天所說的年產出（annual output）或年所得（annual income）。在史密斯初步簡化的模型中，年產出等於年所得等於年消費。設年產出為Q，年所得為Y，年消費為C，再設年出口為X，年進口為M，則史密斯所說的財富——

$$C=Y=Q-X+M \quad \cdots\cdots (1.1)$$

或 $$Q=Y=C+X-M \quad \cdots\cdots (1.2)$$

而 $$X=M$$

11 Adam Smith, *An Inquiry into the Nature and Causes of the Wealth of Nations*, Liberty Classics, Indianapolis, Indiana, 1981, p. 10.

史密斯所說的貧富，用今天的話說，就是人均產值（annual output per capita）或人均所得（annual income per capita）的多寡。設該國的人口為N，則

$$\frac{Q}{N}=\frac{Y}{N}=\frac{C}{N} \quad \cdots\cdots（2）$$

即人均產值等於人均所得，等於人均消費。

關於史密斯所說的決定一國貧富的兩個因素，設L為勞動力，Le為勞動力中用於生產或就業之人數，則

$$Q=\frac{Q}{Le}\times Le \quad \cdots\cdots（3.1）$$

$$\frac{Q}{N}=\frac{Q}{Le}\times\frac{Le}{L}\times\frac{L}{N} \quad \cdots\cdots（3.2）$$

（3.2）式中$\frac{Q}{N}$（$=\frac{Y}{N}$）就是衡量一國貧富的標準，$\frac{Q}{Le}$是勞動生產力（labor productivity），$\frac{Le}{L}$是勞動力當中用於生產或就業之比例。更準確的說，決定一國貧富的因素，除了史密斯所說的勞動生產力和就業比例，還要增加一項勞動力在人口中所占的比例，這就要看一國人口的年齡結構。此外，史密斯認為一國的勞動生產力是勞動者熟練、技巧與判斷的表現，顯然忽略了工業革命以來技術進步的影響。

史密斯認為，個人追求自利可以達成社會的公益。他說：每個人都盡力將其所能支配的資本，用於最有利的用途，心中所想的是自己的利益，而非社會的利益，但卻必然使用於對社會最有利的用途。他投資於國內產業，是為了自己的安全，但自然增加了國內的就業，他投資於產值最大的產業，是為了自己獲利，但自然使勞動生產力提高。

史密斯說：每個人心中所想的雖然是自己的利益，但冥冥中如有「一隻看不見的手」在帶領，結果達成了社會全體的利益，而且比蓄意想達成社會全體的利益有更高的效率。他並且說：「我從未聽說那些假裝為了公共利益而交易的人做出什麼好事。」[12]

史密斯廣被引用的「一隻看不見的手」（an invisible hand）在他全部著作中共出現三次，此處表示追求自利可以達成公益，公私利益和諧一致。另外一次出現於《道德情操論》，表示富人和窮人擁有的財富雖然差距很大，但他們享受的福利其實差不了太多。[13]還有一次出現在他早期的著作《天文學的歷史》（*The principles which Lead and Direct philosophical Enquiries: Illustrated by the History of Astronomy*）。

價格機制的功能[14]

在追求自利達成公益的過程中，市場經濟的價格機制發揮了重大的作用。

根據史密斯的理論，一般商品的成本，都是由勞動者的工資、土地的地租、資本的利潤三種生產因素的報酬構成。這三種生產因素的報酬，在任何社會都有其一般率或平均率，史密斯稱之為自然率（natural rate）。

一種商品的價格如恰足以支付依工資、地租和利潤的自然率計算得到的成本，則這個價格就是這種商品的自然價格（natural price）。

一種商品如因供給不足，致其市場價格（market price）高於自然價格，使利潤率升高，這種商品的生產或供應就會增加，對勞動和土地的需要因而增加，工資和地租隨之上升，自由競爭會使其市場價格下降到自然價格。反之如因供過於求，致其市場價格低於自然價格，使利潤率降低，這種商品的生產或供應就會減少，對勞動和土地的需要因而減少，工資和地租隨之下降，自由競爭會使其市場價格上升到自然價格。

同樣道理，生產因素也會從報酬率較低的產業，轉移到報酬率較高的

---

12 Adam Smith, *An Inquiry into the Nature and Causes of the Wealth of Nations*, Liberty Classics, 1981, pp. 454-456.

13 Adam Smith, *The Theory of Moral Sentiments*, Penguin Classics, 2009, p. 215.

14 Adam Smith, *An Inquiry into the Nature and Causes of the Wealth of Nations*, Liberty Classics, 1981, pp. 72-81.

產業，使其擁有者勞工、地主、資本主的經濟福利增加。

因此，自由競爭經由價格機制，引導社會上有限的資源，用於生產或供應社會上需要最多的商品，使社會的總產值達到最大，並回饋於所有生產因素的擁有者：勞工、地主和資本主。

個人順應市場的趨勢，使用自己所擁有與可支配的生產因素，雖然是為了自己的利益（personal self-interests），然而通過非個人的、自動調節的價格機制（impersonal self-adjusted price mechanism），卻促進了社會全體的利益，不是任何人所設計，但簡單而偉大。這是亞當・史密斯在其《國富論》中，最重要的發現與貢獻。

史密斯認為，獨占和政府的各種干涉，使自由競爭受到限制，妨礙價格機制的有效運作，使生產因素的使用效率降低，社會的總產值減少，社會全體的經濟福利隨之減少。因此史密斯反對重商主義的經濟政策，而這些政策想要達到的目的，即增加一國擁有的金銀，根本是錯誤的目的。

史密斯在《國富論》第一篇第八章到第十一章，討論生產因素的報酬工資、地租和利潤的決定。史密斯理論中，生產因素、商品與所得在家戶、產業與市場之間的流動，可以做成圖2-1，圖中實線表示實物的流動，虛線表示貨幣包括生產因素之投入，虛線表示貨幣的流動。

史密斯說：「……每個社會的年收入恆等於其全部產業年產出的交換價值，或者更正確的說，與此交換價值為同一事。」[15] 設W為工資，R為地租，P為利潤，而家戶的所得（Y）全部用於消費（C），因而構成年產出的交換價值（Q）。

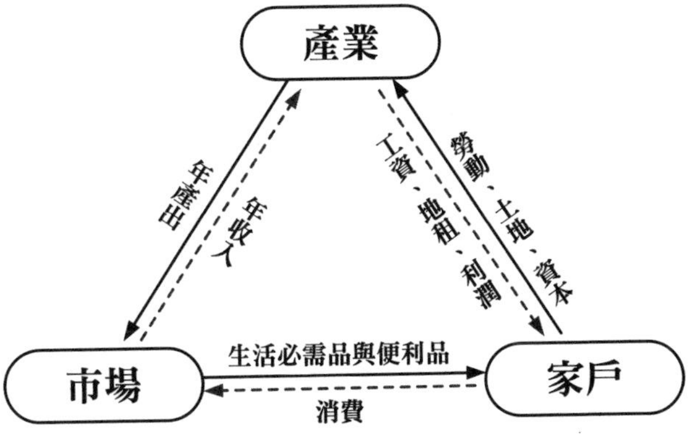

圖 2-1 靜態的經濟周流圖

15 Adam Smith, *An Inquiry into the Nature and Causes of the Wealth of Nations*, Liberty Classics, 1981, pp. 454-456.

$$Q=C \quad \cdots\cdots\cdots (4.1)$$

$$Y=W+R+P=C \quad \cdots\cdots\cdots (4.2)$$

$$Q=Y \quad \cdots\cdots\cdots (4.3)$$

史密斯此一「經濟周流」的構思，是否為其陪同少年巴克勒公爵遊學法國時，受到重農學派領袖奎奈「經濟表」的啟發，我們不能確知；然而的確成為現代國民所得會計（national income accounting）的濫觴。

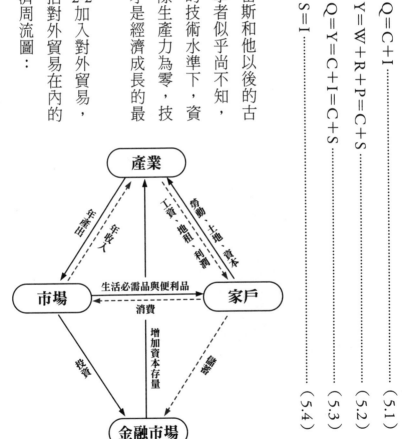

以上為社會在沒有儲蓄和投資的靜態狀況下經濟的周流。如果加入儲蓄和投資，則投資使資本存量增加，社會的年產出和年收入增加，使以上靜態的經濟周流進入動態狀況，表現為經濟的成長，可以用圖2-2表示。

史密斯稱投資（investment）為資本累積（capital accumulation），稱資本存量（capital stock）為儲積之財（stock）。投資為資本存量的增加額，因此一方面使就業增加，一方面使勞動生產力提高，因而年產出和年收入增加。設S為儲蓄，I為投資，則

$$Q=C+I \quad (5.1)$$

$$Y=W+R+P=C+S \quad (5.2)$$

$$Q=Y=C+I=C+S \quad (5.3)$$

$$S=I \quad (5.4)$$

史密斯和他以後的古典經濟學者似乎尚不知，在一定的技術水準下，資本的邊際生產力為零，技術進步才是經濟成長的最後來源。

圖 2-2 加入對外貿易，成為包括對外貿易在內的動態經濟周流圖：

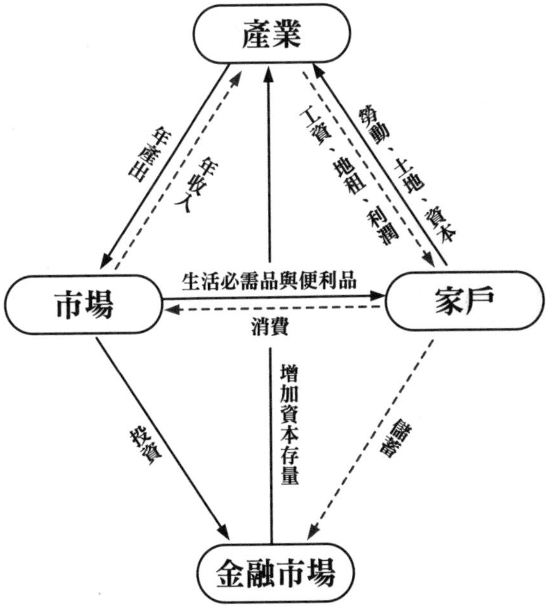

圖 2-2 動態的經濟周流圖

$$Q=C+I+X-M \quad \text{(6.1)}$$

$$Y=W+R+P=C+S \quad \text{(6.2)}$$

$$Q=Y=C+I+X-M=C+S \quad \text{(6.3)}$$

$$S-I=X-M \quad \text{(6.4)}$$

（S－I）為內部差額（internal balance），（X－M）為外部差額（external balance），而一國經濟的內部差額恆等於其外部差額。

$$S=I+(X-M) \quad \text{(6.5)}$$

如果（X－M）＞0，即對外貿易為順差，表示國內儲蓄的一部分既未用於國內消費以提高國民福祉，也未用於國內投資以促進經濟成長，而是由外國享用。

從圖2-3和其下相關的等式可以看出，一國一定時期的總產出和總所得可以從以下三方面計算：

(1)計算該國一定時期，一年或一季，所有產業所生產的貨物與勞務的總值；

(2)計算該國同一時期所有產業收入的總值，包括國內消費、國內投資、出口減進口；

(3)計算該國同一時期所有家戶的工資所得、地租所得與利潤所得之總額。

此三者理論上應相等，因此在計算總產出和總所得時，可以互相核對。

然而一直到一九二九至一九三四年美國經濟發生世界上第一次，也是至今唯一的大蕭條（the Depression），美國商務部委託哥倫比亞大學經濟學教授米契爾（Wesley C. Mitchell）所領導的「國家經濟研究所」（National Bureau of Economic Research, NBER）編算美國的國民所得，方於一九三四年提出基本上由米契爾的弟子顧志耐（Simon Kuznets）所作的〈一九二九－一九三二年國民所得〉。顧志耐因此被稱為「國民所得之

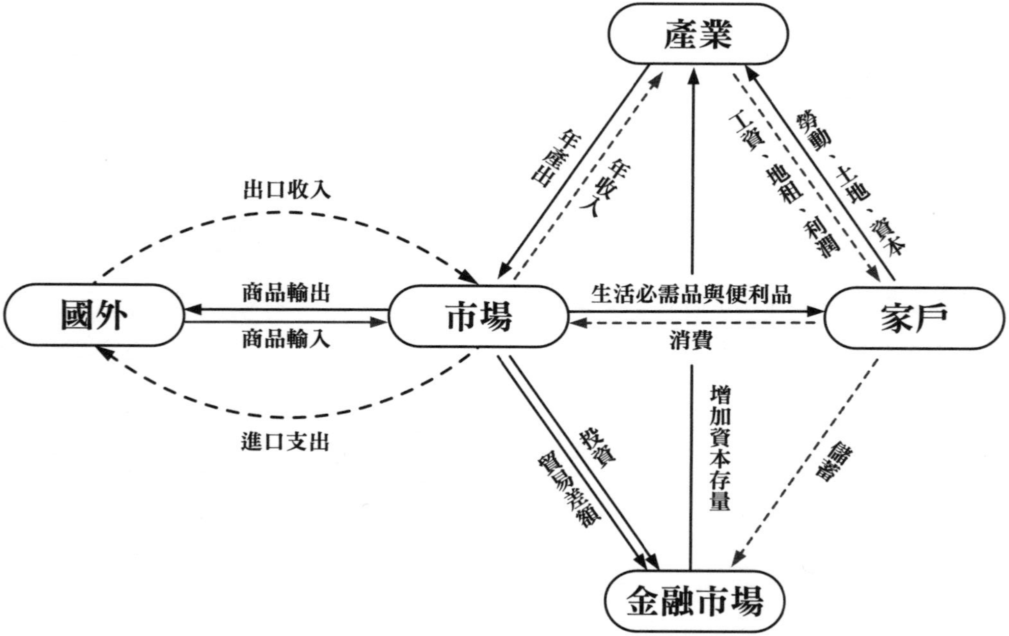

圖 2-3　包括對外貿易的動態經濟周流圖

父」，並因他在研究國民所得與經濟成長方面的成就，於一九七一年獲得諾貝爾經濟學獎。他是世界第四人、美國第二人獲此殊榮。

自由貿易與政府干預

上圖只顯示一國所生產的商品，一部分輸出到國外，而國內消費與投資所需的商品，一部分自國外輸入，但無法顯示對外貿易的利益。對外貿易的利益包括：(1)以本國生產具有比較利益（comparative advantage）的商品，交換本國不具有比較利益的商品，使全民的經濟福利增加；(2)出口使產業的經濟規模擴大，成本降低；(3)貿易引起分工、專業與創新，使勞動生產力提高。

史密斯主張自由貿易，但並非無所保留：

(1) 國防產業應加以保護。

(2) 如已對國內某一或某些產品課稅，應對自國外進口的相同產品課以相等之稅。

(3)如國外禁止自本國之進口，或對自本國之進口課稅，應考慮採取對等或更大之報復措施。

(4)國內產業在關稅或禁止進口之保護下，如已壯大至一定程度，應逐步回歸自由貿易。

史密斯完全了解，改變現行保護措施、實施自由貿易的困難。他說：「不僅大眾之偏見，更難克服的是很多人為了自己的利益而反對，難以抵擋。」史密斯比喻說：製造業的領袖們反對增加其國內競爭的立法，就像軍官們反對減少其所統御的軍隊一樣，對主張者強烈加以攻擊。

重商主義者主張補貼出口，認為可以增加出口，賺取金銀。然而史密斯認為這不但補貼外國的消費者，而且鼓勵本國不具競爭力的產業發展，降低資源使用的效率。[16]

五、不識廬山真面目

亞當·史密斯的時代，正是英國經濟從農業向工業轉變的時期。十八世紀初期，英國經濟基本上以農業生產為主，製造業以家庭生產的紡織業為主。規模較大的產業是煤、鐵，大部分也是小型廠商，大型廠商尚不多見，使用的工具大部分亦不複雜。大多數人沒有自己的土地，工資低微，家境貧寒，只有部分人過著富裕奢華的生活。

十八世紀後半，工業革命興起，英國經濟迅速成長，帶領世界進入現代成長時代。不過正如後來新古典經濟學派領袖馬夏爾（Alfred Marshall），在他的名著《經濟學原理》扉頁，用拉丁文寫下的：「自然從不跳躍。」此前種種跡象顯示，各種形成工業革命的先期條件（pre-conditions）正在悄

16 本節若干部分取材自 Edward W. Ryan, *In the Words of Adam Smith: The First Consumer Advocate*, pp. 57-90.

悄發展，蓄積能量，終於推動英國經濟起飛（take-off），從GDP成長到達人均GDP的自主（self-sustained）持續成長，這些跡象包括：

(1) 農業生產力提高：混合農業（mixed farming）技術的進步，使農業生產力提高，增加對工業產品的需要。

(2) 產業發展：當時英國最主要的傳統產業、紡織業快速擴充，而發展更快的是金屬工業，生產各種家庭用品、工具、武器以及各式各樣的物件。

(3) 能源使用：燃料的使用，自十六世紀以來，從木材向煤炭轉移，而由於工業、交通和城市的發展，煤的需要增加，礦井愈挖愈深，地下水滲出也愈來愈嚴重。

(4) 交通建設：一七三〇年代全國性收費公路系統的興建，見證了英國運輸史上最突出的一段發展，使英國國內運輸的效率大幅提高。一七二〇年代，從倫敦到主要地區中心如約克（York）、曼徹斯特（Manchester）、艾克希特（Exeter），需要三天以上的行程。一七八〇年代一天多就可到達；全國各地交通運輸的進步大致都是如此。

(5) 城市規模擴大，經濟版圖改變：倫敦快速成長，成為西方最大最活躍的都會和金融中心。由於大部分英國對美洲的貿易往來於西部港口，因此英格蘭西部的利物浦（Liverpool）、布里斯托（Bristol）、懷特海芬（Whitehaven）和蘇格蘭西部的格拉斯哥發展更為快速，引導英國工業生產的基地從東方、南方及西方向北方和中央地區轉移。

(6) 人口增加：一七五〇年代英國的人口約為五百八十萬，較一七三〇年代增加大約五十萬；一七七〇年到達六百四十萬，一七九〇年將近八百萬。[17]

---

17 以上六點主要根據 Kenneth O. Morgan, ed., *The Oxford Illustrated History of Britain*, Oxford University Press, 1984, Chapter 7, 'The Eighteenth Century,1688-1789', by Paul Langford, pp. 374-380.

促使國內經濟快速成長的一個重要因素，為國外殖民地的開拓與對外貿易發展，提供了英國大量黃金、白銀，豐富的原料和不斷擴大的市場，提高國內的購買力，充實基礎建設的資金，並擴大產業的規模，促成史密斯最重視的分工與專業，使勞動生產力提高。

另外一個重要的因素，是機器的使用與生產技術的進步。這些技術進步，最先表現在棉布生產方面。十七世紀以來，毛紡織業是英國最大的產業，產品行銷世界各地，但棉布則從印度輸入，物美價廉。一七〇〇年英國為了保護本國產業，禁止印度棉布進口，使棉布價格上漲，引起國內對棉布紡織的投資。

紡織業由兩大部門組成，就是紡紗和織布。傳統的織布技術是在木製的織布機上，用手左右傳遞紡梭，將緯線交錯牽引，織入經線，不但速度緩慢，而且布幅受手臂限制，無法擴大。一七三三年，織布工人約翰·凱伊（John Kay）發明「飛梭」（flying shuttle），將紗梭固定在一個小滑車上，而將小滑車置入一條水平的滑槽之中，由工人以引線左右牽動，紗梭就可以左右滑行如飛，將緯線織入經線之中，使織布的效率大幅提高，亦可自由調整布匹的幅寬。

織布的效率提高以後，棉紗供應不及，紡紗工的需要大增。一七六四年，木匠哈格瑞夫（J. Hargreaves）發明了一種多軸紡紗機，可以同時操作多個紗綻，稱為「珍妮機」（Spinning Jenny）。珍妮機所能操作的紗綻，經過不斷改進，從最初的八個，增加到後來的八十個，使紡紗的效率大幅提高。

初期的織布機和紡紗機，雖然經過改良，效率不斷提高，但都是以人力操作。一七六〇年代末期以來，漸漸改用水力，利用河流。到了一七九〇年代，由於蒸汽機的廣泛運用，又以蒸汽取代水力，而傳統木製的織布機與紡紗機，也漸由鋼鐵結構取代。[18]

一七六〇年代，瓦特（James Watt, 1736-1819）經過多次改良，大幅

---

18 姜振寰，《科學技術史》，濟南：山東教育出版社，二〇一〇年，頁一二五、一二六。

提升蒸汽機的功能。蒸汽機使用的範圍也從最初的煤礦業，擴及於製造業，使英國工礦業的生產力全面提高。這是人類歷史上第一次重大技術突破，拉開世界經濟持續成長的序幕，因此被稱為工業革命；而蒸汽機的研發與改良，在工業革命中，扮演了關鍵的角色。

通常我們都說瓦特發明蒸汽機，不過蒸汽機在十七世紀末期就已出現。一七一二年，鐵匠紐考門（Thomas Newcomen）發明大氣壓力機（atmospheric engine），亦稱為紐考門蒸汽機（Newcomen steam engine）。他將汽缸裝置在鍋爐之上，中間以閥門相通。閥門打開，蒸汽注入汽缸，頂起上端的活塞，閥門關閉，大氣壓力和地心引力使活塞降落。活塞上下運動，帶動抽水幫浦（pump），將礦坑之水抽出。

一七六三年，瓦特接單修理一部紐考門蒸汽機，又於一七六五年進一步改良，並在英國標準局成立後，於一七六九年向標準局登記，取得專利權。可能由於這個原因，所以一般都認為蒸汽機是由瓦特發明。

只緣身在此山中

亞當・史密斯少年時期在格拉斯哥大學讀書；一七五一年回到母校任教，至一七六四年辭職，居留格拉斯哥十三年。格拉斯哥位於蘇格蘭西岸，由於當時英國和北美殖民地之間，貿易往來頻繁，應是最先感受到英國經濟日趨活躍、正待脫胎換骨面目一新的一個港灣城市。其後，史密斯陪伴少年公爵巴克勒遊學法國，親身經歷歐陸經濟從重商主義的管制到重農主義主張自由的轉變，以及學術與文化思想的蓬勃。一七六七年史密斯回到故鄉柯卡地，專心寫《國富論》。他在《國富論》中，多次提到中國比歐洲任何地方都富有，不過沒有進步，和五百年前馬可波羅（Marco Polo, 1254-1324）看到的情形沒有什麼改變。但是這位經濟學的始祖與現代資本主義經濟成長的啟蒙大師，對於當時英國的工業發展及其背後機器使用與技術進步的情形，似乎並不十分了解。這正如蘇東坡的名句：「不識廬山真面目，只緣身在此山中。」

史密斯在《國富論》第一篇第一章討論分工使勞動生產力提高，以大頭針的生產舉例，不過當時英國的主流產業是紡織業，而各種金屬工業相關的產業正在迅速興起。史密斯筆下的煉鐵工業使用木炭，不過在他的時代已多使用煤炭。《國富論》於一七七六年出版後，共修訂五次，最後一次在史密斯身後問世，但書中對促進紡織業發展的各種機器發明如凱伊的飛梭和哈格瑞夫的珍妮機，以及一七六八年理髮師阿克萊特（Arkwright）以水力推動的水力紡紗機（water frame）和一七八五年織布工克朗普頓（Crompton）結合珍妮機與水力紡紗機而成的「騾子機」（mule）都未提及。[19]

「發明」蒸汽機的瓦特，在史密斯書中也隻字未提。瓦特少史密斯十三歲，少年時期受僱於格拉斯哥大學擔任技工，負責儀器維修。十九歲離開格拉斯哥大學，在父親資助下，開設了一家自己的工廠，因為修理蒸汽機，一舉成名，後來並和包爾頓（Matthew Boulton）合夥產製。瓦特十九歲是一七五五年，所以史密斯在格拉斯哥大學和瓦特有一段重疊的時期，但他顯然不知其人。

史密斯在《國富論》中稱蒸汽機為「火機」（fire engine）。他在書中說，火機的運作必須僱用一個男童，隨著活塞的升降，打開或關閉鍋爐與汽缸之間的閥門，以控制蒸汽從鍋爐到汽缸的流動。其中一個男童，因為貪玩想出一個辦法。他用一條細繩將閥門的把手栓到火機的另一部位，這樣閥門就會自動開啟與關閉，讓他可以安心和玩伴相處。史密斯以此為例，說明他的分工、專注可以導致發明和技術進步，使勞動生產力提高的理論。[20]

分工使工人專注於一項單純的活動如製作大頭針的某一部分工序，或負責開關蒸汽機閥門的頑童，誠然可以熟中生巧使勞動生產力提高，甚至

19 Mark Blaug, *Economic Theory in Retrospect*, revised ed., Homewood, Illinois, Richard D. Irwin, 1968, p. 39.

20 Adam Smith, *An Inquiry into the Nature and Causes of the Wealth of Nations*, Liberty Classics, 1981, pp. 20, 21.

引起創意，改良甚至製造新的生產工具，然而終究會受到知識的限制。孔子說：「學而不思則罔，思而不學則殆。」（《論語．為政》）只憑自己思考，但沒有那個知識，也沒有用處。孔子又說：「吾嘗終日不食，終夜不寢，以思，無益，不如學也。」（《論語．衛靈公》）如果沒有那個本事，縱然白天不吃飯，晚上不睡覺，日思夜想也沒有用處，不如去學習；學到必要的知識，才能幫助我們解決問題。

二〇〇〇年英國《經濟學人》（*The Economist*）在其千禧年特刊（Millennium Special Edition）的一篇〈致富之路〉（The Road to Riches）中說：儘管十七世紀科學在歐洲已經萌芽開花，但是一七五〇年以後大約一百年間，技術進步並非科學發展的結果，而是很多工匠努力的結果。不過我們如果考查事實就會發現，這一百年間世界技術與經濟的進步，縱然是很多專業工匠努力的結果，但是正因為他們具備一定的科學知識，努力才能產出一定的成果。因此，十七世紀以來英國科學研究的成就，才是後來機器發明、技術進步與生產力不斷提高的泉源。

一國在一定的技術水準下，其在一定時期所能生產的總產值，就是今天所說的GDP有一上限，這個上限到達之後，不論增加勞力或增加資本，由於邊際報酬遞減（diminishing marginal returns）的效果，都不能使GDP增加。以人均產值和人均所得長期持續增加為特質的現代經濟成長，是以科學研究為基礎的技術長期持續進步的成果。

（二〇一八年十月二十五日與十一月一日，我代台大經濟學系黃金茂教授講經濟思想史亞當・史密斯部分備課所用的教材，二〇二一年十一月五日整理成章；並以此文紀念我的學長和同事黃金茂教授。）

第三章

當亞當・史密斯遇見孔子——中華文化、世界和平與永續發展

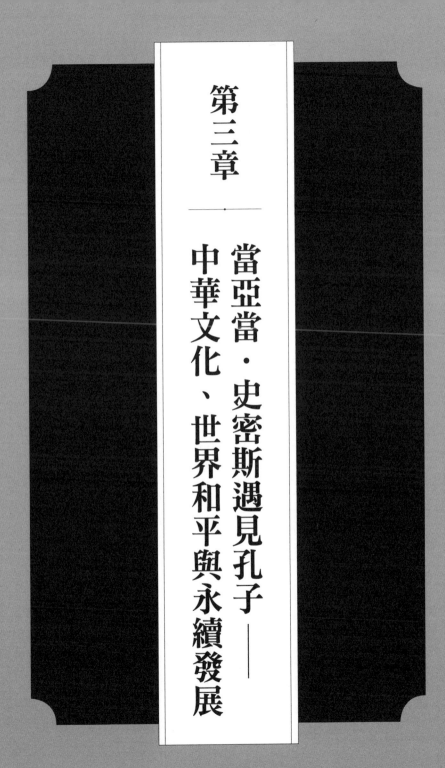

亞當·史密斯（Adam Smith）在《國富論》中多次論及中國。主要有關兩個重要主題。一個是中國雖然富有，但是沒有進步。他說，中國是世界上最富有的國家，比歐洲任何部分都富有，但是從馬可波羅（Marco Polo）遊歷中國至今，五百年來，沒有明顯的改變。[1]

另外一個是中國不重視對外貿易，否則當會使生產力提高，國家更為富有。史密斯說，中國地廣人眾，各地氣候不同，因而出產不同，加以域內河川遍布，利於航運，因此形成廣大的國內市場，足以支持各種產業，分工專業。他說，中國的國內市場可能不小於歐洲所有國家加在一起，不過如能擴大對外貿易，在國內市場之外加以世界各地市場，如再能將相當部分貨運使用本國船隻，必能大量增加中國的工業生產，並使其生產力提高。此外，通過航運的廣大接觸，自然可以學習使用並製造各國的機器，及其技藝與產業的種種進步之處。[2]

中國傳統文化產生於兩千多年前技術與經濟停滯時代，當時尚無現代經濟成長的觀念。全民福祉不是來自財富增加，而是來自社會和諧安定，因此重視倫理；加以地大物博，自給自足，人民安居樂業，愛好和平。

現代西方文化源自歐洲中古後期興起的城市經濟。這些城邦和繼起的葡萄牙、西班牙、英國和荷蘭都是小國寡民，必須發展海外貿易，方能改善民生。各國政府紛以國家力量支持對外貿易，彼此競爭，不免利益衝突，甚至爆發戰爭。船員平時為商人，戰時成為戰士。經過大航海時代的海外探索，面對非我族類，掠奪、殺戮，最後發展為帝國主義和殖民主義。

不過侵略與剝削並非長久致富之道，我們從別國的富裕中而非貧窮中得到利益。亞當·史密斯說，鄰國富有在戰時和政治上對我們危險，但在貿易上則對我們有利。在敵對的情況下，敵人富有可維持強大的戰艦和軍

1 Adam Smith, *An Inquiry into the Nature and Causes of the Wealth of Nations*, Liberty Classics, Indianapolis, Indiana, 1981, (originally 1776), pp. 89, 208, 255.

2 Adam Smith, *An Inquiry into the Nature and Causes of the Wealth of Nations*, pp. 680-681.

隊，但在和平通商的情況下，則會提供較多的交易與更大的市場。[3]

第一次世界大戰後，協約國對德國要求大量賠款，未能達到戰後的和平與繁榮。第二次大戰後，美國大量援助戰敗的德國和日本，以及因戰爭致使經濟疲敝的盟邦，卻導致過去七十餘年的和平與繁榮。所以共存才能共榮，在今天全球化經濟成長的時代尤其如此。

中國的對外貿易，自漢武帝時張騫通西域，打開經中亞到歐洲的門戶，發展為溝通東西貿易的陸上絲路。唐代安史之亂，陸上交通受阻，貨物運輸改走海上，促使海上事業發達，經過兩宋，特別是南宋，至元代（一二七九－一三六八）達到高峰。明初，鄭和七下西洋，每次出航有大小船隻兩百餘艘，將士卒兩萬七、八千人。不論舟師的規模、船隻的大小、航經的海域，以及造船與航海的技術，都遙遙領先世界各國。然而所到之處，沒有掠奪與侵占，顯示中國為一和平、友善的民族。

西方從中古後期義大利半島上的城邦重視貿易開始，經過大航海時代和重商主義，發展為帝國主義與殖民主義。工業革命帶來現代經濟成長，一國致富之道，可以從事生產，創造經濟價值，不需要強取豪奪。然而由於重視自利勝於倫理，所以當本國利益受到挑戰時，仍會故態復萌，做出傷害別國的行動。不過長期中損人不能利己，只會兩敗俱傷，而且傷及無辜。只有接受中華傳統文化，重義輕利，愛好和平，世界才有永續發展的可能。

一、中國海上事業的盛衰

中國十三世紀從泉州和廣州啟航的商船，裝載絲綢、陶瓷、鐵器和日用品，沿著海岸線經東南亞到波斯灣，再轉運到歐洲和中東；載回珠寶、象牙、犀角、香料和藥材。當時航行於太平洋和印度洋的中國帆船有水密

3 Adam Smith, *An Inquiry into the Nature and Causes of the Wealth of Nations*, p. 494.

隔艙、船尾舵和羅盤，水手觀星馳船，造船與航海的技術優越，設備精良，直到十六世紀都超過歐洲。

一二九一年（元世祖至元二十八年），威尼斯商人馬可波羅受元世祖忽必烈之託，護送公主遠嫁波斯，從泉州出海。下面一段文字是他對當時泉州的觀察：

經過五日行程，到達宏偉壯麗的刺桐（即泉州）。臨海有一港口，係船運聞名之地，貨物堆集如山，然後轉運到蠻子（Manji）省各地。此地進口之胡椒為數甚巨，讓運往亞歷山大港以供西方所需之胡椒相形見絀，也許只有百分之一。這裡是世上最大的港口之一。我實在無法讓你們想像這裡究竟有多少商人和商品。大汗從此地獲得大量收入，每一商人皆須交付其投資金額的十分之一。裝運貨物的運費，上品收三〇%，胡椒收四四%，檀木、藥品及一般貨品四〇%。商人計算他們所付的費用，包括關稅和運費，達其貨物價值之半，然而剩餘之半的利潤仍甚為可觀，因而樂於載運更多貨物來此。[4]

泉州因為遍植刺桐樹，故稱刺桐。一三四七年（元順帝至正七年），歐洲的旅行家白圖泰（Ibn Battuta）遠渡重洋，來到泉州。他說：

> 刺桐港是世界上大港之一。在我看來，說它是世上最大的港口，也一點不假。我在港口看到的大船有一百艘，小船不計其數。

在他眼中，泉州是一個很有魅力、美麗的城市，每幢房屋前、後都有花園

---

4 *The Travels of Marco Polo*, Bk. II；轉引自 John Merson, *The Genius that was China: East and West in the Making of the Modern World*, the Overlook Press, Woodstock, New York, 1990, p. 65.

和空地，和他的家鄉摩洛哥賽格爾美撒城一樣。很多最先進、設備最齊全的商船都在這裡或廣州製造。大的商船有三至十二張帆，可乘一千人。5

白圖泰又說：

中國居民中有人擁有無數船隻，他們派出代理商航行國外。世界再無別處有人比中國人更為富有。6

鄭和七下西洋，從明成祖永樂三年（一四〇五年）到明宣宗宣德八年（一四三三年），歷時二十八載。他的船隊從南京出發，經過長江入海南下，沿著海岸線，大致循元代中國和阿拉伯商人海上貿易的舊路，穿過馬六甲海峽，橫渡印度洋，到達阿拉伯半島的南端和非洲的東岸；向南則到達爪哇和澳洲海岸。

鄭和首次出航後八十七年，即一四九二年，哥倫布始從西班牙出發，西渡大西洋，發現美洲新大陸。又二十九年，即一五一九年，麥哲倫也從西班牙出發，跨越大西洋和太平洋，環繞地球一周。哥倫布船只有三艘，人只有九十人；麥哲倫船不過五艘，人不過兩百六十五人。

明太祖朱元璋（一三六八至一三九八年在位）定都南京。明成祖朱棣（一四〇三至一四二四年在位）遷都北京。為了運送大量民生與軍需物資到北京，需要維持強大的海上船隊。當時共有船隻六千四百餘艘，其中約有兩千三百艘為海岸防衛船隊，最大者可載五百人，並配有火炮，用以戒備日本海盜的侵襲，保護海運安全，是當時世上最強的海軍。[7]一四一一年京杭大運河復通，運送到北方的物資改經運河，不再需要維持龐大的海上船隊。

---

5 王連茂、陳麗華，《中華海洋文化的縮影：泉州海外交通史博物館》，北京：中國大百科全書出版社，一九九九，頁二一一－二一二。

6 轉引自 John Merson, *The Genius that was China: East and West in the Making of the Modern World*, p. 73.

7 John Merson, *The Genius that was China: East and West in the Making of the Modern World*, p. 75.

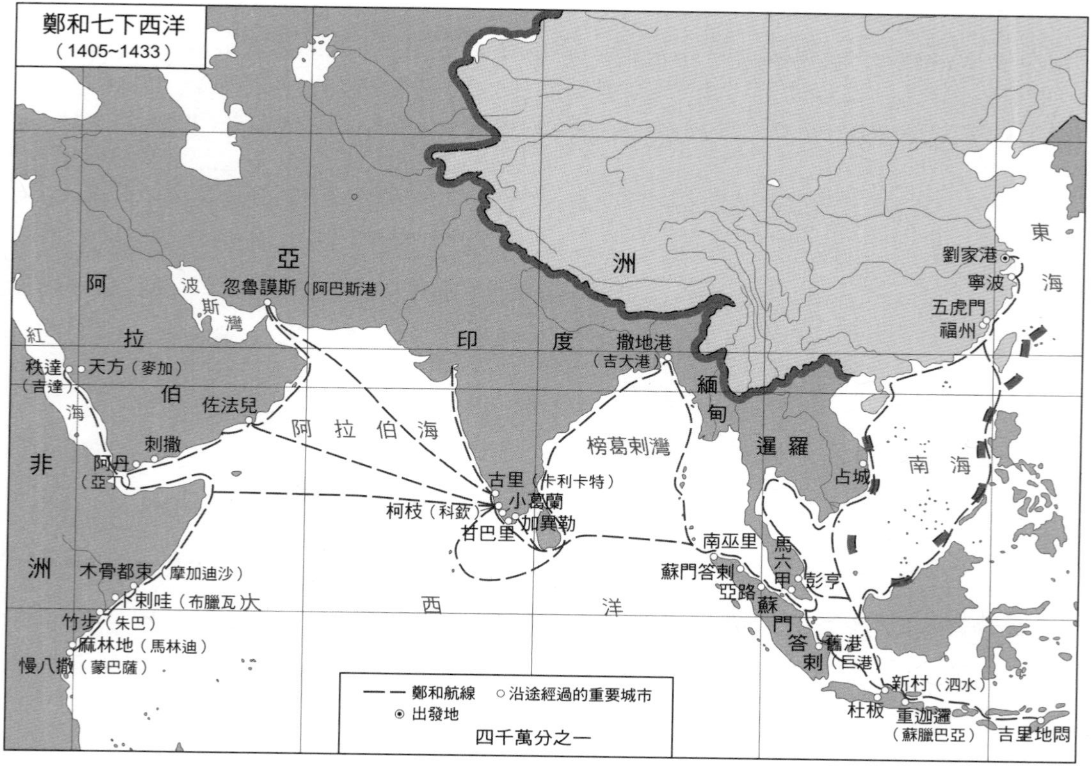
鄭和七下西洋
（1405~1433）
亞
洲
阿
拉
伯
波
斯
灣
紅
海
忽魯謨斯（阿巴斯港）
秩達（吉達）
天方（麥加）
佐法兒
刺撒
阿丹（亞丁）
非
洲
木骨都束（摩加迪沙）
卜剌哇（布臘瓦）
竹步（朱巴）
麻林地（馬林迪）
慢八撒（蒙巴薩）
阿 拉 伯 海
印
度
撒地港（吉大港）
榜葛剌灣
古里（卡利卡特）
柯枝（科欽）
小葛蘭
加異勒
甘巴里
大
西
洋
緬
甸
暹 羅
占城
南 海
南巫里
蘇門答剌
亞路
蘇
門
答
剌
馬
六
甲
彭亨
舊港（巨港）
新村（泗水）
杜板
重迦邏（蘇臘巴亞）
吉里地悶
劉家港
寧波
五虎門
福州
東
海
鄭和航線
沿途經過的重要城市
出發地
四千萬分之一

圖 3-1 鄭和七下西洋

鄭和於第七次下西洋返國途中病逝。明政府改變宋、元以來的外貿政策，禁止自由通商，採取「朝貢制度」。海外諸國必須先接受中國冊封，由政府發給執照，始可以朝貢名義附帶貨品，在官吏監督下，開市交易若干天。此外一切私人貿易皆不允許。

又為倭寇侵擾海疆，採取海禁政策，嚴禁人民下海。不但通蕃貿易受到禁止，國內海上貿易亦在禁止之列。東南沿海居民生計，因此受到嚴重影響。驅民為盜，甚至勾結倭寇，致使有明一代的海疆綏靖工作更加困難。

二〇〇〇年一月十二日，《遠東經濟評論》（*The Far Eastern Economic Review*）在〈亞洲的前途〉（The Way ahead of Asia）一文中說：

> 過去五百年對亞洲而言，是一段從繁榮降落到貧窮的故事。今天亞洲仍為世界窮人最多的地方。中國於十五世紀從世界經濟舞台撤退後開始衰退，並喪失其在航海方面技術領先的地位。

然而在歐亞大陸的另一端，海上事業正如旭日初升。

二、大航海時代的探索與暴行

元初歐洲方面控制中西貿易主要為威尼斯（Venice）和熱那亞（Genoa）兩個城邦或城市國家。它們從中國輸入絲綢和瓷器，從東南亞輸入香料，再轉賣到歐洲各地。一二九五年，馬可波羅回到故鄉；一二九八年，在威尼斯和熱那亞為控制從亞洲輸出到埃及港口和中東的奢侈品貿易引發的戰爭中，為熱那亞人所俘，獄中口述，寫成他到東方的遊記。他在書中亟稱中國的富有，引起西方人對東方的嚮往。在馬可波羅口中，中國的杭州人口眾多，市井繁華，有錢人身著絲綢，用精美瓷器進食。富裕的程度超過威尼斯，而這些精品製作的技術，歐洲工匠無人能及。

這些城市國家是歐洲中古後期新興的現象，在義大利半島除了威尼斯和熱那亞，還有佛羅倫斯（Florence）和米蘭（Milan）。它們以對外貿易為經濟活動的主力，在中古封閉的農業經濟中異軍突起。競爭和利益衝突引發戰爭，讓它們必須發展軍備。外貿、航運和軍備的需要，引起工藝和製造業發展。而工商業發展創造財富，累積資本，也改變了社會和政治結構。商人的地位提高，支持了一個不斷成長的知識和思想階級，孕育了十四至十六世紀歐洲的文藝復興（the Renaissance），對後來的科學研究、技術進步、經濟成長有重要意義。

文藝復興從佛羅倫斯開始向德國、法國、西班牙、荷蘭及英格蘭蔓延。擺脫教會對思想的箝制，重啟對古代經典、藝術與知識的重視，開啟了人文主義、個人主義，以及科學與工藝的發展。

一四五三年（明武宗景泰四年），土耳其鄂圖曼（Ottoman Turks）帝國消滅東羅馬帝國，建都君士坦丁堡（Constantinople），阻絕東西貿易陸上交通，致使歐洲從東方輸入的物品價格騰貴。歐洲各國於是積極尋找與東方貿易的海上路線，而葡萄牙和西班牙成為大航海時代的開路先鋒。

一四八八年（明孝宗弘治元年），葡萄牙的狄亞士（Bartolomeu Dias）利用阿拉伯的海圖和中國的羅盤，南經非洲好望角發現到印度洋的海上通路。一四九八年，達伽瑪（Vasco da Gama）繞過好望角，抵達印度。一五一〇年葡萄牙占領印度西岸的果阿（Goa），成為歐洲進入東方的第一個海上霸權。一五一一年占領馬六甲（Malacca），控制歐洲和亞洲香料貿易的通路。馬六甲地處東西海上交通要津，東南亞商人雲集於此，將印尼出產的香料賣給中國、印度和阿拉伯商人，再轉運到西方。一五一七年葡萄牙派遣皮耶斯（Tomé Pires）為特使，率艦八艘訪問中國，果阿市長費爾南．安德拉德（Fernao de Andrade）隨行，於九月抵達廣州。廣東總督予以接待，允其停留，皮耶斯則繼續其赴北京的旅程。一年後費爾南之弟西蒙．安德拉德（Simão de Andrade）強占 Tamao，構築城堡，為官軍所逐。Tamao 應是澳門西南方上川島上之「大澳」。明武宗將皮耶斯下獄，死於獄中；這位明武宗就是我們在傳統戲曲中看到的正德皇帝。不過明政府仍允許葡萄牙以澳門為基地，從事貿易。[8]

一四九二年，熱那亞水手哥倫布在西班牙王室資助下，西渡大西洋，發現新大陸。歐洲中古時期至此結束，世界從此進入大航海時代。西歐各國紛紛發展自己的勢力，爭逐海上利益。

一四九四年，葡萄牙和西班牙在教皇亞歷山大六世（Alexander VI）調停下，在西班牙托德西利亞斯（Tordesillas）小鎮簽訂《托德西利亞斯條約》（Treaty Tordesillas），以達伽瑪發現的西非維德角（Cape Verde）與哥倫布發現的中美古巴島（Cuba）連線中點的經度為界，二分新世界，以西歸西班牙，以東歸葡萄牙。[9]以此為根據，葡萄牙取得巴西和東方大部分，西班牙取得美洲大部分和太平洋，包括菲律賓。

一五一九年，葡萄牙人麥哲倫在西班牙王室資助下，西渡大西洋，十

8 湯開建，〈中葡關係的起點：上、下川島，Tamão 新考〉，http://www.icm.gov.mo/rc/viewer/10026/446。感謝姜蘭虹教授提供此項資訊。

9 根據張安平先生未發表的論文：〈循環經濟－開放思想（大航海時代）〉，二〇一九年二月十七日。

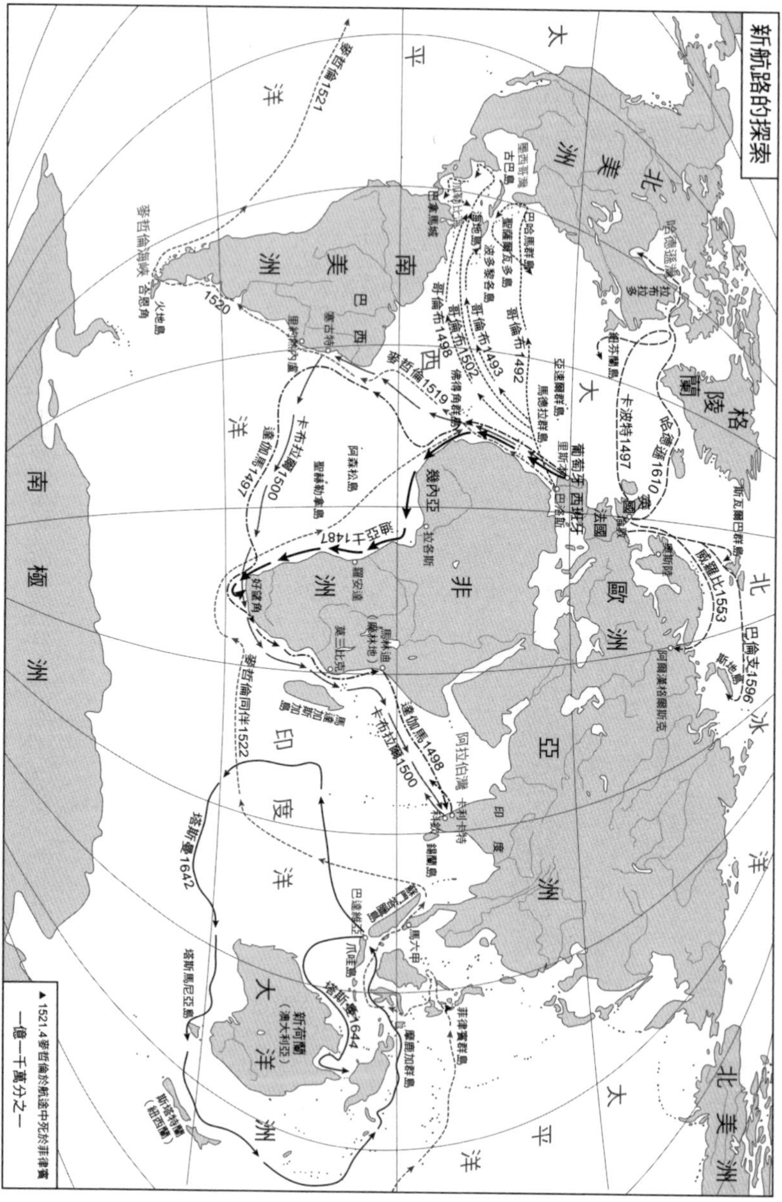
新航路的探索
北美洲
南美洲
格陵蘭
大西洋
太平洋
印度洋
歐洲
非洲
亞洲
大洋洲
南極洲
北冰洋
哥倫布1492
哥倫布1493
哥倫布1498
哥倫布1502
卡波特1497
哈德遜1610
威羅比1553
巴倫支1596
狄亞士1487
達伽馬1497
達伽馬1498
卡布拉爾1500
麥哲倫1519
麥哲倫1520
麥哲倫1521
麥哲倫同伴1522
塔斯曼1642
塔斯曼1644
麥哲倫海峽
合恩角
火地島
好望角
里斯本
葡萄牙
西班牙
法國
英國
阿拉伯灣
新荷蘭（澳大利亞）
塔斯馬尼亞島
新西蘭（紐西蘭）
菲律賓群島
摩鹿加群島
麻六甲
爪哇島
蘇門答臘島
卡利卡特
柯欽
巴西
巴拿馬城
墨西哥灣
古巴島
巴哈馬群島
聖薩爾瓦多島
▲ 1521.4 麥哲倫於航途中死於菲律賓
一億一千萬分之一

圖 3-2　新航路的探索

二月抵達巴西里約熱內盧（Rio de Janeiro）；一五二〇年十一月繞過南美洲南端進入太平洋；一五二一年三月發現菲律賓；四月抵達宿霧，因涉入部落間的鬥爭喪生。一五二二年二月維多利亞號獨自返回西班牙塞維亞（Seville），完成環繞地球一周的壯舉。

哥倫布係於一四九二年八月從西班牙出海，經過兩個月航程，到達中美洲巴哈馬群島，土著盧卡亞人（Lucayan）好心迎接。十月十四日，他在日誌中得意寫道：「我可以用五十人征服他們全部，任意驅使。」[10]哥倫布此行經古巴、多明尼加等地返回西班牙，他稱之為印度群島（the Indies），深信已距離馬可波羅所描寫的東方與亞歷山大大帝所征服的地區不遠。不過他並未發現絲綢，亦未找到香料，唯見土著佩戴小金飾，並有一土著酋長以金面具相贈。哥倫布此後又於一四九三年、一四九八年與一五〇二年三度往返，但終其一生不知從未到達東方。

10 Jacqueline Keeler, *Goodbye Columbus*, http:/www.dailykos,2019/10/14.

哥倫布返回西班牙向王室回報，堅稱已經到達亞洲和中國海岸外一個海島。其地山川秀麗，土地肥沃，有很多香料，並有大量黃金和其他金屬的礦藏。印地安人秉性單純，財物任意送人。哥倫布說，諸位「大人」如稍微給他一點幫助，下次回航就會「要多少黃金給多少黃金，要多少奴隸給多少奴隸」。

哥倫布第二次出航，船隻從三艘增至十七艘，人員從九十人增到一千兩百餘人。此行目的就在得到奴隸和黃金。他們在加勒比海一帶逐島捉拿印地安人為俘，土人聞風而逃。一四九五年大舉圍捕奴隸，聚集阿拉瓦克人（Arawak）男、女及兒童一千五百名，從中挑選五百人運往西班牙，其中兩百人死於途中，餘在奴隸市場出售。

哥倫布以為海地蘊藏大量黃金，下令十四歲以上土著每三個月上繳黃金若干，到期不能達成者，砍掉雙手，但這是不可能的任務，附近僅有的黃金是從溪流中淘取微量金屑。

阿拉瓦克人聚眾反抗，但不敵西班牙人劍、甲、步槍與馬匹，武器精良。西班牙人對待戰俘手段殘酷，凌虐至死。兩年之間，海地的二十五萬印地安人被殺害或自殺，死亡半數。

眾多印地安人淪為奴隸，辛勞工作，以至於死。一五一五年約有五萬印地安人，一五五〇年只有五百人。一六五〇年的一份報告顯示，島上已無阿拉瓦克人或其後裔存活。[11]

後來秘魯發現銀礦，大量白銀輸入西班牙。西班牙因而致富，稱霸歐洲，並沿著歐洲西岸北上發展勢力。一五八五年，發起對英國的海上攻擊。一五八八年「無敵艦隊」被英國海軍擊潰，國力開始衰微。指揮英國艦隊打敗西班牙強大海軍的司令官是德瑞克爵士（Sir Francis Drake, 1540-1596）。德瑞克原為英國海盜，一五七三至一五八〇年間橫行海上，劫掠葡萄牙和西班牙商船，累積財物達一百五十萬英鎊。一五八一年四月英

---

11 Howard Zinn, *A people's history of the United States: 1492-Present,* New York: HarperCollins, 2003, pp. 3-5.

國女王伊利沙白一世（Elizabeth I）登船赴宴，授與爵位。德瑞克投桃報李，贈以部分財物。女王以其中一部分償還國債，一部分投資設立後來的東印度公司。一百五十萬英鎊是多少？十六世紀英國在亨利八世和伊利莎白一世統治之承平時期，王室的歲入不到五十萬英鎊。

一六〇〇年英國成立東印度公司。英國東印度公司和繼之成立的荷蘭東印度公司一樣，都是民間組織，由政府授與獨占亞洲貿易之權，並擁有自己的武力，可以對外作戰，拓展疆土，保護商業利益。英國東印度公司成立之初只有步槍四十支，至一八〇〇年，擁槍三十萬支，成為亞洲最強大的武裝勢力。兩百年間，結合商業技巧與政府勢力，逐步取得對印度的統治，殺人取財。[12]

一六〇二年，荷蘭成立東印度公司，獨占東南亞到歐洲的香料貿易。一六一八年在爪哇建立巴達維亞（Batavia，今雅加達）作為公司總部。一六二一年派艦占領班達，盡屠島上一萬五千居民，僅留少數會種豆蔻和肉豆蔻的工人，從產地控制香料供給。

一六二二年北上攻打澎湖，在馬公築城，與明廷福建水師對峙。一六二四年從澎湖撤軍，攻占台灣，在台南先後建立熱蘭遮（Zeelandia，安平古堡）和普羅民遮（Provintia，赤崁樓），發展農業，並和中國、日本及歐洲通商貿易。

莫森（John Merson）在《The Genius That Was China》中很沉痛地說：

> 這些商人冒險家很多都是在歐洲的海盜傳統中長大，最好的例子就是一個世紀前德瑞克爵士的事功，現在他們又以同樣冷酷的心腸，追求比較正當的商業利益。[13]

---

12 Colonialism and Commerce, Bad Company, *The Economist*, October 12, 2019, pp. 82-83. 本文介紹 William Dalrymple 的新著：*The Anarchy: The Relentless Rise of the East India Company*.

13 John Merson, *The Genius that was China: East and West in the Making of the Modern World*, p. 109.

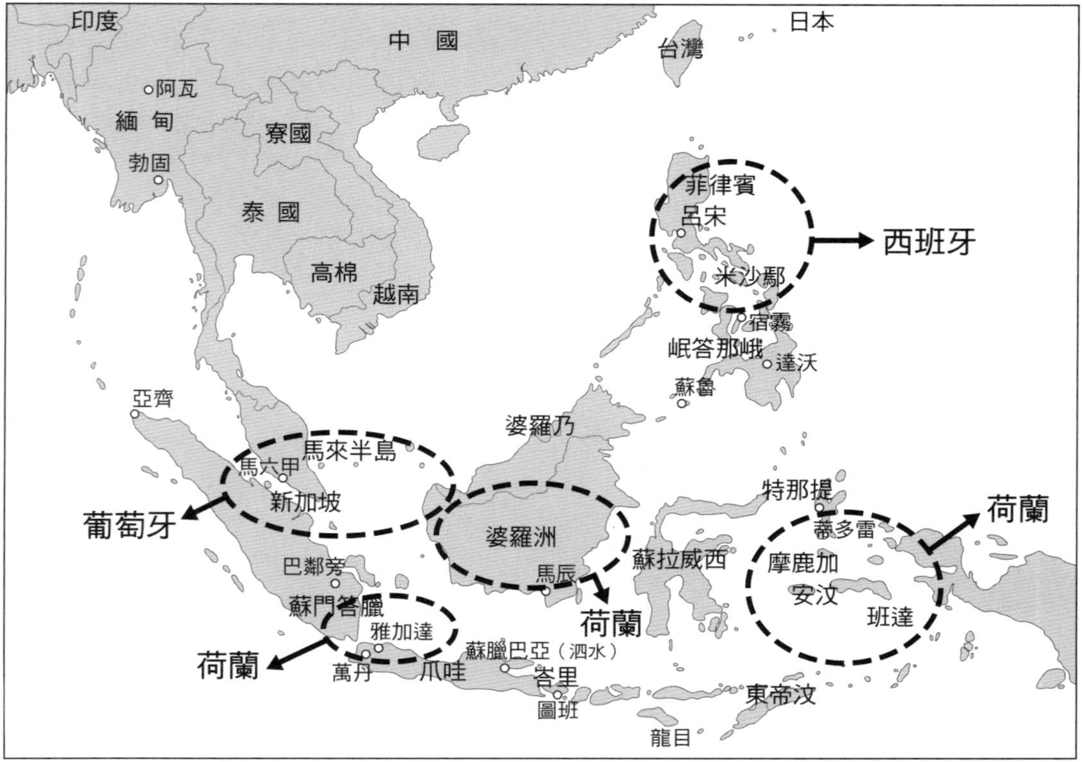

圖 3-3　1600 年代東南亞海上霸權之勢力劃分

三、從重商主義到現代經濟成長

十六至十八世紀是歐洲重商主義流行的時期，不過重商主義的若干重要觀念，例如對貿易順差和外匯的迷思，至今仍有人深信不疑，並且表現在政府的經濟政策之中。

重商主義是西歐十六至十八世紀商人、政治人物和行政官員提出的一些經濟主張，主導當時西歐各國的經濟政策。重商主義者最基本的認知，就是將一國的財富視為其所擁有的金、銀總值。一個國家如果不出產金、銀，則只有通過對外貿易，創造順差賺取。因此重商主義的經濟政策，就是採用各種方法，增加出口，減少進口；進而干預國內就業、勞工和人民生活。對外則發展為帝國主義和殖民主義，侵略、掠奪與剝削落後國家，以增進本國的富強。

視金、銀為財富是從個人特別是商人的觀點看問題得到的印象。金、銀是當時各國通用的貨幣，而貨幣是交易的媒介、價值儲存的工具，也是價值計算的標準。個人可以用貨幣計算自己所擁有的財富，可以把一部分財富用貨幣的形式儲存，也可以用貨幣交換任何所需的貨物和勞務，因此貨幣就是財富。

但是從國家的觀點看，貨幣本身既不能供我們消費以滿足我們的需要，也不能成為投資，使資本存量增加，生產力提高。貨幣用於購買，換成實物，才能用於消費或投資。在當時經濟停滯尚無現代經濟成長概念的狀態下，貨幣如用於國內購買，並不能使本國的貨物與勞務增加，只有使物價上漲；如用於國外購買，則使貿易的順差減少，或逆差擴大，恰好違反重商主義者追求的政策目標。

所以亞當．史密斯在《國富論》中，駁斥重商主義的思想，指出一國的財富並非其所擁有的金、銀，而是每年的勞動所生產與提供的貨物和勞務，就是今天所說的「國內生產總值」（gross domestic product, GDP）。貿易促進貿易國之間的分工與專業，各自生產具有優勢的產品，使勞動生產力提高。另一方面，分工專業使工人的熟練度和生產力提高，並使經濟規模擴大，產生規模經濟（scale economies），成本降低，也有利於創新與技術進步。

十八世紀後半，就在史密斯潛心撰寫他的《國富論》之際，工業革命悄悄在英國發生，向歐陸蔓延。技術進步在資本主義誘因和科技研發的支持下，得以持續不斷，使勞動生產力不斷提高，總產值不斷增加，抵消人口增加，使人均產值與人均所得不斷增加，帶領世界進入現代經濟成長時代（modern growth epoch）。工業革命以前只有偶發一次性的技術進步，其所引起的總產值增加長期中為人口增加抵消，所以只有總產值增加，而無人均產值與人均所得增加，稱為傳統停滯時代（traditional stagnation epoch）。

現代成長隨著全球化（globalization）逐步進入世界各地。廣義的全球化指觀念、技藝與文化，經過人與人接觸的通道，如經商、旅遊、宗教與軍事活動等，發生交流，產生影響，自古即在進行。

現代全球化指商品、資本、技術和人員跨國移動，使各國經濟逐漸結合為一體的現象。此一現象隨著科技進步，交通與通信便捷，以及制度的鬆綁與自由化，日愈顯著。

商品跨國自由移動，也就是自由貿易，促進貿易國之間分工、專業，各自生產自己具有比較優勢的產品，產生規模經濟，促進技術進步，使勞動生產力提高，生產與所得增加。資本與技術從先進國流向後進國，使先進國利潤增加。後進國獲得資本與先進的技術，使生產力提高，就業、生產與所得增加；並為先進國提供更大的市場，供應價格低廉的商品，使其物價平穩，實質所得與經濟福利增加。不論商品或資本與技術的移動，都使雙方互蒙其利，形成良性循環。

不過在每一波全球化中，只有部分國家脫穎而出，有效利用外來的資本、技術和市場，提高本國的經濟成長率，不少仍停留在原來的地位，關鍵在於有優良的文化，孕育勤勉、好學、力爭上游的人民，為經濟發展提供豐富的人力資本，和源源不絕的創意，也需要有一個無私、有能力的政府，採取好的政策，設計好的制度，讓努力和創意充分發揮。

第二次世界大戰後一九五〇年代到一九七〇年代的局部全球化中，台灣、香港、新加坡和南韓表現優異，為後進經濟體進入現代成長的行列樹立典範。不過由於人口少，經濟規模小，不會撼動世界經濟大局。

然而一九八〇年代以來的全面全球化，中國大陸以罕見的快速成長，三十年間，按美元匯率計算的GDP超越法國、英國、德國和日本，如今已成為僅次於美國的世界第二大經濟體，並為世界最大的製造國和出口國。根據國際貨幣基金（International Monetary Fund, IMF）的預測，從二〇〇〇年到二〇二四年，先進經濟體（advanced economies）按購買力平價（PPP）計算的產值占世界總產值的百分比，將從五七%減少到三七%，中國從七%增加到二一%，亞洲其他新興經濟體將占三九%，美國則只占一四%。[14]雖然中國之人均GDP仍遠低於美國，但仍引起美國的疑懼。

---

14 Martin Wolf, Today and Tomorrow, IMF, *Finance and Development*, June 2019, pp. 5-6.

四、中國興起與美國的對華政策

現代成長的利益，並非平均分配給社會各個階層，而全球化增添新的不平均因素。資產所得的份額增加，薪資所得的份額減少，而薪資收入高低懸殊。全球化使商品價格趨於穩定，資產價格上漲。由於在全球化之下，商品跨國自由流動，任何國家的物價如上漲，其他國家的商品就會流入，如水之趨下，使上漲的物價受到抑制。物價穩定，鼓勵貨幣當局放寬貨幣政策，使貨幣數量增加，利率下降；利率下降使資產價格上漲，而資產集中在少數人之手。

全球化之下，資本自由流動，人力的流動則受到國界的限制。資本從工資較高的先進國流向工資較低的後進國使利潤率提高；人力則很難從工資較低的後進國流向工資較高的先進國使工資率提高。加以跨國公司富可敵國，資本日愈集中，市場競爭性降低，工會勢力削弱。這許多原因都使薪資不容易提高。

低收入的薪資階級、小生意人和初入社會的新鮮人，收入微薄，無力置產，也看不到改善的希望和未來的機會，哀怨和不平之氣在不知不覺間蓄積。

唐諾．川普（Donald Trump）在二〇一六年的美國大選中，迎合全面全球化以來選民的積怨，批判美國為維護世界安全與繁榮承擔過多義務，以致缺少經費從事國內建設；他認為美國在多邊協定談判中吃虧，主張個別談判，以取得有利條件。他也對全球化不以為然，認為導致產業出走，使國內生產與就業減少。他提出「美國優先」與「使美國再度偉大」的內向（inward-looking）政策，贏得選舉，當選美國總統。

川普於二〇一七年就職後，宣布退出《巴黎氣候協定》，退出《跨太平洋夥伴協定》（TPP）談判，重談《北美自由貿易協定》（NAFTA）；降低公司稅，提高邊境稅，以吸引產業回歸；限制外來移民；在墨西哥邊界築高牆，防止偷渡。

川普選擇的頭號敵人就是中國大陸。川普認為中國以政府補貼、不公平貿易、強制技術轉移，以及竊取美國技術等不當手段，使經濟迅速壯大，構成對美國的威脅。從二〇一八年開始對自中國進口的商品加徵關稅，擴大加徵的範圍，幾至包括全部自中國進口的商品。禁絕對中國科技大廠華為產品的購買與供貨，甚至對中美學術交流、合作研究與中國留學生產生所謂「紅色恐懼」（red scare）加以限制。中國也迫而採取報復性政策，包括停止採購美國農產品，對若干自美國進口的商品加徵關稅，與人民幣貶值。

二〇二〇年一月十五日，中美簽訂第一階段貿易協議。中國承諾在未來兩年增加自美國進口不少於兩千億美元的商品，主要為農產品，並採取措施，保護智慧財產權，換取美國對若干自中國進口之商品降低加徵之關稅，中國亦降低若干自美國進口商品的關稅。

不過中美兩個世界最大經濟體之間的衝突依然存在。基本上，美國世界霸權的地位不容挑戰，而中國則力圖復興，不甘雌伏。兩大對抗必然兩敗俱傷，導致世界性的災害。

二〇一九年，柏克萊加州大學艾肯格林（Barry Eichengreen）教授在〈凡爾賽的幽靈〉一文中指出：一九一九年簽訂的《凡爾賽條約》，未能造就第一次世界大戰後的和平與繁榮，如今一百年後，我們正在重複凡爾賽的錯誤。[15]

這篇短文主要說，美國在政治上向有孤立主義的傳統。第一次世界大戰後轉向國內，只關心自己的利益：樹立新關稅，限制移民，不免除戰時盟友的債務，致使德國賠款的困境雪上加霜；《凡爾賽條約》排除新興勢力參與，直到一九二六年方容許德國加入國際聯盟。戰後德國的復興，在軍事方面和經濟方面受到無限的限制，顯著的例子就是禁止其與奧地利形成關稅同盟。種種限制與排斥，終於引發強烈的民族主義，也許可稱民粹主義，導致威瑪共和崩潰和第二次世界大戰。

---

15 Barry Eichengreen, The Specter of the Versailles, IMF, *Finance and Development*, June 2019, pp. 32-35.

這讓我們想起第一次世界大戰期間，年輕的經濟學家凱因斯（John M. Keynes）在英國財政部服務，他主張戰後不要求德國賠款。因為一個缺少外匯存底的國家，像戰敗的德國，只有在對外貿易上造成順差，才有外滙支付外債；然而德國的對外貿易如為順差，必須有別的國家為逆差，而逆差不利於經濟成長。凱因斯並寫成他的名著《和平的經濟後果》（*The Economic Consequences of the Peace*, 1920）。可惜當時凱因斯尚未成名，人微言輕，他的主張不為英國高層接受。

第二次世界大戰後的美國從一戰後的失敗中學到智慧，不但不向戰敗國要求賠償，反而提出馬歇爾計畫，對戰敗的德國和日本以及受到戰爭破壞的國家提供援助。一九四四年的布列敦森林（Bretton Woods）會議，並創設世界銀行，幫助經濟後進的國家發展經濟；又創設國際貨幣基金，維持世界貨幣秩序與金融穩定。結果創造了二十世紀後半世界經濟前所未有的快速成長。

如今中國崛起，積極在世界體系中尋求一席之地，凡爾賽的前車之鑑提醒我們，領導者應大度能容，將新興勢力納入體制之內，做出正面貢獻，而非加以排斥，迫其另闢路線，形成對立。

哥倫比亞大學薩克斯（Jeffrey Sachs）教授，在一篇CNN的評論中說：

> 中國不是我們的敵人。它是一個通過教育、國際貿易、基礎建設投資與技術進步，努力提高自己生活水準的國家。簡單的說，它所做的是任何貧窮與落後國家應做之事。川普政府卻力阻中國發展；這種企圖對美國和全世界都是重大災害。[16]

薩克斯說：中國不是美國的敵人，而是美國所得與財富分配不均惡化的代罪羔羊。可惜眾聲喧譁，恰和缺少系統思考習慣、只見近利的無知政客思

---

16 Jeffrey Sachs, China is Not the Source of Our Economic Problems, Corporate Greed Is, CNN, May 27, 2019.

想一致，或者正好被政客加以利用。

中國的經常帳順差二〇〇七年曾達GDP的一〇％。二〇〇八年世界金融危機爆發，中國適時推出四兆人民幣（相當於六千億美元）的財政刺激方案，使二〇〇九年中國的GDP成長率達九．一％。二〇〇九年中國的GDP按購買力平價計算占世界經濟一二．六％，九．一％的成長率使世界經濟成長一．一五％。同年，美國的GDP占世界經濟二〇．四％，成長率為負二．六％；歐元區的GDP占世界一五．一％，成長率為負四．一％；美國和歐元區合計使世界經濟衰退一．一五％，恰為中國對世界經濟成長所貢獻的一．一五％抵消。[17]金融危機發生以來，中國經常帳順差占GDP的百分比逐年減少，二〇一九年只有一．五％，對金融危機後世界經濟的成長與恢復平衡（rebalancing）有重要貢獻。中國怎麼會成為美國的敵人呢？

一國的經常帳差額（主要為貿易差額）稱為外部差額（external balance），儲蓄與國內投資的差額稱為內部差額（internal balance），外部差額與內部差額恆等。美國的經常帳長年發生逆差，是因為其民間消費和政府支出占GDP的比率過高，致使儲蓄率偏低，不足以支持國內投資，必須通過經常帳逆差，輸入國外資源以補國內生產不足。美國長期占順差國的便宜，怎麼會吃虧呢？

美國的內部差額如不變，則其對中國的逆差如減少，對其他國家的逆差必增加（或順差必減少），進口成本就會上升，使國內物價上漲。美國對自中國輸入商品提高關稅所增加的成本，一部分由美國的購買者負擔，也有一部分由美國在中國的廠商負擔。中國如因出口減少和廠商移轉到外國致使生產減少、就業減少、經濟成長率降低，對美國的需要也將隨之減少，不利於美國的出口與成長。損人不能利己，只會造成大家的災害。

拜登（Joe Biden）總統和川普總統一樣，視中國為危及美國世界霸權

17 孫震，〈全球經濟失衡的隱憂〉，《世界經濟走向何方？點亮儒學的明燈》，台北：台大出版中心，二〇一三，頁二七－五四。

的敵對政體，不能容許其快速發展。這也是二〇〇八至二〇〇九年世界金融危機以來，美國採取貨幣數量寬鬆（Quantitative Easing, QE）政策，缺少節制，導致國內資產（包括房地產與金融資產）部門擴張，生產部門相對萎縮，基礎建設落後，面對中國科技進步，經濟成長，都市與基礎建設突飛猛進，所產生的潛在集體焦慮。

不過拜登採取的政策不同於川普，不是「內向」（inward-looking）而是「外向」（outward-looking）。川普視友邦如負債，拜登則視之為資產。拜登認為友邦對美國的世界影響力有加乘作用，可使GDP只有世界四分之一的美國，產生世界二分之一的效果。二〇二〇年一月二十四日拜登就任美國總統的第一天就重新加入《巴黎氣候協定》。

他限制中國對美國先進科技的接觸，號召友邦與中國之產業脫鉤，以阻擋中國的科技進步與經濟成長，不惜破壞過去半世紀世界經濟快速進步所賴的全面全球化。不過由於中國經濟規模已經龐大，不論在產品供應方面和市場需要方面都為世界各國所依賴。利之所在，美國的號召恐怕很難發揮重大作用，徒然促成中國科技與經濟的自主發展，傷害世界文明的合作交流。

在軍事方面，拜登的「陽謀」顯然是動員所有資源，打擊最主要的假想敵，就是中國。他就任以來倉促自阿富汗撤兵；二〇二二年二月二十四日俄羅斯入侵烏克蘭，美國發動全世界的友邦支援烏克蘭，並對俄羅斯實施經濟制裁。由於俄羅斯是中國的盟友，俄國陷入戰爭的泥淖，可使中國在緊要關頭失去可以依靠的力量。

在亞洲方面，美國加強與韓國、日本、澳大利亞與印度的軍事合作，並聯合英國，為澳大利亞建造至少八艘核子動力潛艦，在太平洋－印度洋方面對中國形成合圍之勢。他對台灣在海峽兩岸地緣政治中角色的設定，尤其費人疑猜。

我最近在台北的一次討論戰爭與和平的系列演講，引姜太公《武略》：

全勝不鬥，大兵無創。與鬼神通，微哉！微哉！與人同病相救，同情相成，同惡相助，同好相趨。故無甲兵而勝，無衝機而攻，無溝塹而守。

寄語台海兩岸，毋輕啟戰端，導致生靈塗炭，民生凋敝，讓親痛仇快；古人的智慧應善加體會。

如今的世界，正是山雨欲來風滿樓。拜登對抗中國的大戰略未見成效，世界經濟已因俄烏戰爭導致能源短缺，糧食供給預期不足，以及杯葛中國經濟引起的供給面的困難，使世界物價上漲，而歐盟與美國首當其衝，美國的消費者物價指數年增加率達八％以上，打破過去四十年的紀錄。

為抑制物價膨脹，美國聯準會今年以來六度升息，使聯邦銀行的基準利率從接近零，到達二〇二二年十一月的三・七五％。供給面的問題，採取需要面的方法求解決，「太晚又太猛」（too late and too big），如不及早覺悟，經濟衰退是必然的結果。

五、中華文化的當代使命

西方曾以國家暴力協助貿易發展，並且擴而充之，形成帝國主義和殖民主義。傳統停滯時代，由於缺乏持續的技術進步，長期中只有總產值增加而無人均產值和人均所得增加，唯有對外掠奪才能增加本國的經濟福利。中、南美，東、南亞和非洲都曾淪為西方列強的殖民地，中國甚至成為孫中山先生所說的次殖民地。

進入現代成長時代，技術持續進步使勞動生產力不斷提高，人均所得得以不斷增加。致富之道在於促進國內經濟成長，無須依靠對外掠奪。所以才有二十世紀以來的民族自決，過去的殖民地紛紛成為獨立的國家，通過全球化分享現代成長的利益，也共同促進全球經濟繼續成長。所有參與全球化的國家福禍與共，共存方能共榮。一個國家從其他國家的繁榮中得到利益，不會從其貧窮中得到利益。國際貨幣基金前副總裁、以色列中央銀行前總裁費希爾（Stanley Fischer）說：「我尚未看過很多例子，居於快速成長的經濟體之旁，不利於本國的經濟發展。」[18]美國在既得利益和霸主地位面臨挑戰時，露出西方傳統的猙獰面目，採取損人以求利己的政策。讓我引用孟子的一句話：「終亦必亡而已矣！」[19]「必亡」不是說滅亡，而是終將失去其想得到的利益。

科技進步，經濟成長，是西方文化的貢獻。過去二百多年，通過全球化，形成今天世界各國互相依存、共同發展的體系。然而它的可持續發展有待加入中華文化的元素，其中最重要的就是仁。

仁是儒家思想最核心的價值，什麼是仁？仁是人之所以為人的同理心和同情心的表現。

> 樊遲問仁。子曰：「愛人。」（《論語．顏淵》）

仁最簡單的解釋就是愛人。

子貢曰：「如有博施於民，而能濟眾，何如？可謂仁乎？」子曰：「何事於仁？必也聖乎！堯舜其猶病諸。夫仁者，己欲立而立人，己欲達而達人。能近取譬，可謂仁之方也已。」（《論語・雍也》）

仁是愛心的擴充。自己好也希望別人好，自己有成就也希望別人有成就。從自己想到別人，這是中華文化最優美的地方。有這樣品德的人，殺一不辜、行一不義而得天下，弗為也，怎麼會「以鄰為壑」，做出傷害別的國家反過來也傷害自己國家甚至全世界的政策呢？

魯哀公十二年（前四八三年），魯國的權臣季孫氏將伐顓臾。[20]當時

18 *Far Eastern Economic Review*, February 22, 2002.
19 《孟子・告子》。
20 孫震，《孔子新傳》，台北：天下文化，二〇二一，頁四三七－四三八。

孔子的學生冉有（求）和子路（由）正做季氏的家臣，向孔子報告。孔子說：

> 丘也聞有國有家者，不患寡而患不均，不患貧而患不安。蓋均無貧，和無寡，安無傾。夫如是，故遠人不服，則修文德以來之。既來之，則安之。今由與求也，相夫子，遠人不服而不能來也；邦分崩離析而不能守也；而謀動干戈於邦內。吾恐季孫之憂，不在顓臾，而在蕭牆之內也。（《論語．季氏》）

現在美國的情形，正是「不患寡而患不均，不患貧而患不安。」世界各國都應從我國儒家思想中學習睦鄰之道，以維護世界全體久遠的利益。

儒家倫理另外一個重要元素是義。孔子說：「君子義以為質，禮以行之，孫以出之，信以成之。君子哉！」（《論語．衛靈公》）君子做人的原則就是義，必須以合於禮的方式加以表現，以謙卑的態度加以實踐，以堅定不移的信念加以完成。義就是做對的事，義的最低標準是亞當．史密斯意義的公平。史密斯倫理觀的三美德：審慎（prudence）、公平（justice）與仁慈（beneficence）：審慎是維護自己的利益，公平是尊重別人的利益，用史密斯自己的話說，是不減少別人的利益，仁慈是增加別人的利益。史密斯說：「為人如能做到恰好的審慎、嚴格的公平、適當的仁慈，可謂品格完美矣。」[21]品格完美的人就是儒家的君子。

義更積極的意義是勇於承擔，看到對的事就「見義勇為」、「義無反顧」的去做。這就進入史密斯仁慈的範疇了。

現代經濟成長的基本動力是自利。在資本主義制度下，個人為追求自己的利益從事生產，或參與生產活動，創造增加的經濟價值。如果在生產過程中能嚴守公平的原則，不使任何利害關係者包括個人、社會與環境受

21 Adam Smith, *The Theory of Moral Sentiments*, Penguin Books, London, 2009 (originally 1759), p. 280.

到傷害，則其所創造的價值，就是社會淨增加的價值，因此個人利益與社會利益一致。所以史密斯說：「每個人追求自己的利益，冥冥中好像有一隻看不見的手帶領，達成社會全體的利益；而且比蓄意達成社會的利益更有效率。」[22]

然而由於資本主義文化把利放在義的前面，所以到了利害的緊要關頭，往往見利忘義。司馬遷說：

> 余讀孟子書，至梁惠王問「何以利吾國」，未嘗不廢書而嘆也。曰：嗟乎，利誠亂之始也。夫子罕言利者，常防其原也。故曰「放於利而行，多怨」。自天子至於庶人，好利之弊何以異哉！（《史記．孟子荀卿列傳》）

美國當前的經濟政策就是一個顯著的例子。所以義必須放在利的前面，見利思義，義中取利，才會成就大家的利益。易曰：「利者義之和也。」社會的大利是很多人做了很多義的事才產生的結果。

不過仁、義不能只存在於思想，必須見諸實踐，進入我們的生活和行事之中。這就需要社會有健全的教化系統和誘因制度，而且需要培養君子的人格以為表率。

現代民主政治最大的問題，就是如何選賢與能，選出理想的政治領袖。專制政權難免產生暴虐的君主，所以終必被推翻。民主政治有時也會選出邪惡的政客。諾貝爾經濟學家傅利曼（Milton Friedman）說：「魔鬼當選公職，也不會變成天使。」然而一個只強調自利、個人權利和自由，忘記倫理價值、責任和義務的文化，會產生「修己以安人」、「修己以安百姓」的君子嗎？

君子是孔子所創造的理想人格的典範。君子心裡想的是社會、天下的利益，而不是自己的利益。

---

22 Adam Smith, *An Inquiry into the Nature and Causes of the Wealth of Nations*, p. 456.

子路問君子。子曰：「修己以敬。」曰：「如斯而已乎？」曰：「修己以安人。」曰：「如斯而已乎？」曰：「修己以安百姓。修己以安百姓，堯舜其猶病諸！」（《論語．憲問》）

孔子又說：

文武之政，布在方策。其人存，則其政舉；其人亡，則其政息。人道敏政，地道敏樹。夫政也者，蒲盧也。故為政在人，取人以身，修身以道，修道以仁。（《中庸》）

選擇理想的政治領袖要看他的人格，而人格中最重要的品質就是仁。

亞當．史密斯在《國富論》中多次提到中國不重視對外貿易，否則對經濟成長會有很大的幫助。[23]中國自明代以來確因限制對外貿易，不僅經濟上受到損失，而且錯失西方工業革命與現代成長的列車，以致陷入貧窮。然而限制對外貿易並非中華文化的產物，中華文化重視仁、義，關懷眾生，不以強凌弱，不以眾暴寡，所體現的和平氣象，則是當前世界經濟一體永續發展最需要的條件。

（二〇一九年九月七日上海遠見文化高峰會：「中華文化與全球視野」主題演講，經納入近年中美關係與世界情勢最新發展思考，加以擴充，整理成章，於二〇二二年十一月十二日修訂完稿。）

---

23 Adam Smith, *An Inquiry into the Nature and Causes of the Wealth of Nations*, pp. 679-680.

第四章

我們曾經輝煌——蔣經國主政時期台灣的經濟發展

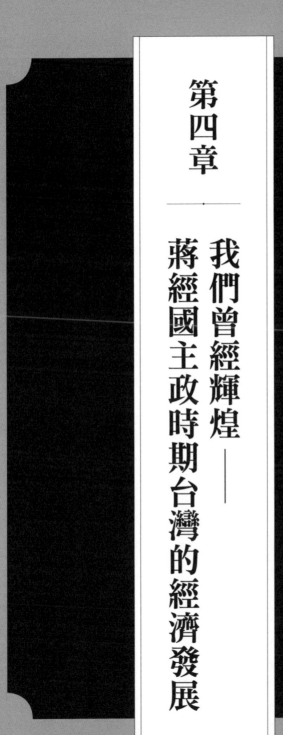

蔣經國先生於一九七二年六月一日出任中華民國行政院長，他於一九八八年一月十三日逝世，至今已超三十五年。三十多年前台灣經濟發展的情形和政府採取的政策，恐怕很少人記得，更多人可能根本不知道。本文探討蔣經國主政時期，台灣經濟發展的策略和成就，作為個案分析，藉以彰顯中國儒家情懷在西方現代經濟成長中的功能。

我採用的標題〈我們曾經輝煌〉，是高希均教授創辦與主持的「遠見・天下文化」二〇一二年出版的一本暢銷書的書名。這本書譯自美國《紐約時報》（*New York Times*）專欄作家湯馬斯・佛里曼（Thomas Friedman）和約翰霍普金斯大學（Johns Hopkins University）麥克・曼德鮑姆（Michael Mandelbaum）教授合著的《我們曾經輝煌》（*That Used to Be Us*），副標題是「美國如何從它所塑造的世界中沒落以及我們如何恢復昔日的榮光」。回顧蔣經國主政時期台灣經濟發展的奇蹟，我對當前台灣經濟的心情也就不言而喻。

一、美元貶值與物價膨脹

蔣經國出任行政院長的時代，正值國際貨幣制度發生重大變革，一九四四年布列敦森林會議所建立的黃金美元本位難以為繼，從凱因斯（John M. Keynes）以所得調整為中心的固定滙率制度（fixed exchange rate regime）向傅利曼（Milton Friedman）以物價調整為中心的變動或浮動滙率制度（flexible, floating exchange rate regime）轉變。

一九七一年八月十五日，美國尼克森總統宣布實施「新經濟政策」，停止美元對黃金及其他準備貨幣的兌換。同年十二月，美、英、德、法、日等十個主要國家的財政部長和中央銀行總裁齊集華盛頓史密森尼（Smithsonian）博物館，經過討論，於十八日宣布美元對黃金貶值七．八九％，從三十五美元一盎司貶為三十八美元一盎司，其他各國貨幣隨即對美元有不同程度的升值，美元對這些貨幣平均貶值一二％。國際貨幣基金（ＩＭＦ）隨之將各國貨幣對美元之滙率，在新訂（中心）滙率上下可自由調整的範圍，從一％擴大為二．二五％。新制使國際貨幣制度，從固定滙率向浮動或變動滙率邁進一步。我國政府於二十日宣布，新台幣對美元的滙率維持四十比一不變，也就是隨同美元對黃金及其他主要貨幣貶值。

一九七三年二月，美元再對黃金貶值一〇％。這次我國政府將新台幣對美元升值五％，從四十元兌換一美元，升值為三十八元兌換一美元，對黃金及其他貨幣再次貶值。貨幣貶值表示國內物價相對於國外物價下降。一個對外自由通商的國家或經濟體，在固定滙率之下，國內外物價經由商品流動，有趨於相等的傾向；商品從價格低的地方流向價格高的地方，正如水從高處流向低處。

一九五八至一九六〇年台灣的外滙貿易改革，將行之有年的多元滙率簡化為單一滙率，並將新台幣對美元的滙率貶至四十比一，經濟發展的策略，從一九五〇年代的進口代替轉為一九六〇年代的出口擴張。一九六〇年代，台灣經濟快速成長，物價維持穩定，由於出口成長較進口成長為快，所以貿易差額從逆差縮小至一九七〇年達到平衡，其後轉為順差擴大。加以外資流入，致使外滙存量快速累積，貨幣供給大幅增加，一九七一年底外滙存量較一年前增加四二・八％，貨幣供給增加三〇・六％；一九七二年底外滙存量較一年前增加七二・一％，貨幣供給增加三四・一％。進口成本上漲，出口與國內需求增加，國內物價上漲是必然的後果。

一九七三年三月三十一日，中央銀行宣布六項緊縮信用措施，以減少國內需要，緩和物價上漲的壓力。一九七三年七月三十一日，行政院採取十一項穩定物價措施，包括公用事業本年內不漲價；平價供應小麥與黃豆，由政府補貼進口差價，以維持麵粉與黃豆粉國內售價穩定；禁止建築材料使用於娛樂用與超過四層之建築物，以抑止建築材料漲價；以及重要民生必需品限價等。

然而這一切措施都無助於平抑國內物價。芝加哥大學經濟學家、一九七六年獲諾貝爾經濟學獎的傅利曼說：「經濟學家可能所知不多，但確知如何製造不足與過剩。」政府如將一種商品的價格限制在市價之下，這種商品就會不足，如果訂在市價之上，這種商品就會過剩。[1]

當國內物價低於國外物價，國內物價愈穩定，上漲的壓力愈大，終將不可收拾。這時最方便的政策就是以貨幣升值代替物價上漲。然而當時的決策者，對傳利曼倡議的變動滙率既不熟悉，更少信心。[2]

一九七三年十月中東以阿戰爭爆發，阿拉伯國家石油減產、禁運，導致一九七〇年代第一次能源危機，阿拉伯輕原油每桶的價格，從一月一日的二・五九一美元上漲到三・〇一一美元，十月十六日再漲為五・一一九美元。國際油價上漲使國內物價更漲。當時台灣基礎建設落後，高雄與基隆港口擁擠，若干船隻排隊等待進港；南北公路阻塞；台北商場日用品供應不及，發生搶購；銀行存款流失。

一九七三年十一月二十二日，蔣院長宣布十項重要建設，從一九七四年開始，以五年為期完成，包括六項交通建設：南北高速公路、鐵路電氣化、北迴鐵路、桃園國際機場、台中港和蘇澳港；三項工業建設：一貫作業大鋼廠、大造船廠和石化工業；以及核能電廠。這十項建設由於需要投入巨資，關係經濟發展重大，媒體稱之為「十大建設」。然而蔣院長施政風格平實，不喜誇大，只稱「十項重要建設」。

一九七四年一月一日，阿拉伯油價再漲為一一．六五一美元。

一九七四年一月二十六日（舊曆正月初四）晚上，蔣院長在電視台宣布「穩定當前經濟方案」，解除所有限價，調高油電價格與銀行利率。商品價格一次漲足，國內物價反而漲至國際物價之上，物價膨脹也戛然而止。翌日美國《華爾街日報》（*Wall Street Journal*）稱之為「一針療法」（One Shot Therapy）。蔣院長守護了「年內不漲價」的承諾，為政府樹立誠信。

---

1 Milton Friedman, *Dollars and Deficits: Living With America's Economic Problems*, Prentice Hall, 1968, p. 218.

2 關於中央研究院院士、旅美經濟學家劉大中和蔣碩傑主張採取浮動滙率的建議，蔣院長在一九七三年七月三日與財經首長會談時指示，「希望再深一層研究其可行性。」參看孫震，《現代經濟成長與傳統儒學》，〈經濟自由化、產業科技化——蔣經國時代台灣經濟的成長與轉變〉，台北：三民書局，二〇一一，頁一〇一－一二〇。

二、十項重要建設與經濟自由化

第一次能源危機出現後，由於石油價格劇漲，世界經濟由繁榮轉為衰退，台灣經濟也因國內物價高於國際物價，對外貿易從順差轉為逆差，經濟隨之衰退，GDP成長率降低，失業率增加，躉售物價指數（WPI）的變動率從一九七四年的四〇・六%轉為一九七五年的負五・一%。此時政府應採的措施是將新台幣貶值、利率降低，以促進出口與國內需要。然而決策當局擔心物價膨脹死灰復燃，未予考慮。

油價高漲、經濟衰退，讓若干經濟學者以為世界經濟從此進入高物價低成長的停滯膨脹（stagflation）時代。持這種說法的人忽略了科技和價格的功能，一種資源如因供應不足致使價格上漲，供給量就會增加，代替品就會出現；使用的效率會提高，以這種資源為中間產品的最終產品其結構會調整，這種資源的需要量會減少；其他商品的價格也會上漲，使這種資源的相對價格降低。何況這次油價上漲起因於以阿戰爭，阿拉伯產油國聯合減產、禁運以制敵，戰爭會結束，聯合行動也會因利益衝突而瓦解。從一九七四年一月一日到一九七九年一月十日，阿拉伯輕原油的牌價上漲二三％，但其他商品的價格上漲更多，以致石油相對於其他商品的真實價格下降。

一九七五年下半，台灣經濟開始復甦，其後恢復快速成長，十項重要建設順利進行、國內投資大幅增加是一個重要原因。十項建設於一九七三年十一月二十二日由行政院院會通過實施時，正值國內物價飛漲，很多人有不同意見，然而蔣院長說：「今天不做，明天會後悔。」毅然決行；如今成為促進經濟復甦與長期發展的重要手段。十項建設中的六項交通建設，使交通便捷，運輸成本降低，人民生活福利提高；三項工業建設改善產業結構，使產業發展從勞力密集向資本密集轉變，勞動生產力提高。長期產業政策而有促使經濟復甦的短期效果。

另外一個重要因素是維持物價穩定，貿易差額迅速從逆差縮小轉為順差擴大，國外淨需要增加；貿易順差擴大，外滙存量增加，貨幣供給隨之增加，使國內需要增加。

我們如果以一九七〇年三月為基期，假定經過滙率折算的國內物價與國際物價相等，國內物價採用躉售物價指數，國際物價採用十三個和台灣貿易關係密切國家的躉售物價指數或消費者物價指數，則從一九七〇年三月到一九七八年九月，國內物價與國際物價比較，可分為三個階段：第一階段，一九七〇年三月到一九七三年九月，國內物價低於國際物價，使出口暢旺，外滙存量迅速累積，貨幣供給大幅增加，物價上漲，而於一九七三年九月以後超過國際物價。第二階段，一九七三年九月到一九七五年十二月，國內物價高於國際物價，使出口困難，經濟萎縮，物價穩定，而從一九七六年逐漸降低至國際水準。加以一九七六年美國經濟快速復甦，對外需要增加，台灣出口的成長率從一九七五年的負五・七%增加為五三・八%，貿易差額從負三・三%轉為二・二%，使GDP成長率從四・八%提高為一三・七%。第三階段，一九七六年至一九七八年九月，國內物價從高於國際物價轉為低於國際物價，貿易順差擴大，經濟持續成長。[3]

一九七八年五月二十日，蔣經國當選就任中華民國總統，行政院長由原經濟部長孫運璿出任。

一九七八年七月，政府將新台幣對美元的滙率從三八比一升值為三六比一，同時宣布採「機動滙率」制度。機動滙率就是變動（flexible）或浮動（floating）滙率。這是中央研究院院士、旅美經濟學家劉大中和蔣碩傑一九七三年以來一直向政府建議的滙率制度。決策當局遲疑未決，劉大中認為可能因為「浮動」讓人聯想到政府在大陸時期的「人心浮動」，為當局所忌，所以建議以「機動」代替。在機動滙率制度下，滙率變動取代國內物價的變動，可維持物價穩定。

根據「外滙清算辦法」，當時一切外滙由中央銀行收付，一九七九年二月，中央銀行指定由台灣銀行、中國國際商業銀行與第一、華南、彰化

3　孫震，〈新台幣升值的影響〉，《成長與穩定的奧秘》，台北：經濟與生活出版，一九八二，頁一四五－一五二。由於國民所得統計修正，此處所引一九七五年和一九七六年的數據與以下表4-1略有出入。

三商銀代表組成「外滙交易中心」，每日議訂滙率，央行亦派代表參與。一九七九年底，廢除「外滙清算辦法」，指定銀行辦理外滙買賣，容許民間將其所獲外滙存入指定之銀行。一九八〇年三月，央行不再派員參加滙率議訂，唯仍限制每日滙率變動之幅度，其後限制放寬，直到一九八九年才取消所有限制，讓外滙供需決定滙率。滙率自由化的形式至此完成，但仍在央行操控之下，新台幣對美元之滙率甚少順應外滙市場供需「機動」調整，所以才會有一九八〇年代後期的資產膨脹與一九九〇年的股市崩跌。

利率自由化和滙率自由化一樣，需要建立市場。一九七六至一九七八年，政府先後成立三家票券公司，從事國庫券、商業本票、承兌滙票與可轉讓定期存單的交易，決定短期資金的利率，以供銀行調整利率之參考。一九八〇年十一月，央行公布「銀行利率調整要點」，規定銀行公會得視資金供需之變動，建議央行調整最高存款利率，授權銀行公會訂定放款利率之幅度，報央行核定實施；逐步擴大銀行放款利率的幅度。一九八五年十一月，央行廢止《利率管理條例》，取消最高存款利率不得高於最低放款利率之規定，擴大銀行資金運用的彈性。一九八九年九月，修正《銀行法》部分條文，不再規定放款利率上下限，存放款利率由銀行自行訂定。利率自由化的制度至此完成。

建立有利於長期發展的制度，同時發揮解決短期物價膨脹或經濟衰退問題的功能，一舉兩得，是經濟發展策略的最高境界。不似若干不負責任的政客，不論台灣或外國，只顧解決眼前短期的問題，不顧其對未來長期發展的影響。

一九七八年十二月底至一九七九年三月底，伊朗停止石油輸出六十八天，其後雖恢復輸出，但減少供應的數量，世界油供不足，油價開始上漲。石油輸出國組織（OPEC）原訂於一九七九年分四季將油價上漲到每桶一四．五四六美元，現在將第四季的油價提前於第二季實施。一九七九年七月一日，復將基準油價提高為十八美元，最高品質的油價以二三．五美元為上限，引爆一九七〇年代第二次能源危機。十二月OPEC的會議中，未能決定統一的油價，由各國自行訂定，於是油價再漲，全年漲幅在一倍左右，而一九七三至一九七四年的漲幅約為三倍半。

油價高漲導致世界經濟衰退，台灣經濟亦隨之衰退。貿易差額占GDP的比例從一九七八年的六．五％縮小為一九七九年的一．一％，並於一九八〇年轉為逆差負一．二％。新台幣對美元的滙率，一九七八年七月從三八比一升值為三六比一，浮動貶值至四十比一，並且維持在此一滙率，未因後來經濟復甦、成長率提高、貿易順差不斷擴大而改變，直到一九八五年。不過這次貿易順差擴大，各國預期新台幣升值，短期資金流入，外滙存量大幅增加，貨幣供給隨之增加，並未引起國內物價上漲，消費者物價平穩，躉售物價反而下降，主要有三個原因。

第一，一九八〇年代中期以來，世界經濟隨著自由化進入全球化時代，任何國家的物價如上漲，其他國家的商品就會源源而來，平抑該國物價上漲的趨勢。

第二，政府的貿易政策，一向對出口加以鼓勵，對進口加以限制；限制的方式包括管制和關稅兩部分。一九七〇年代以來，貿易順差擴大與兩次能源危機，形成物價上漲的壓力，迫使政府不得不考慮將新台幣升值或減少對進口的限制，而政府最躊躇難決的措施是新台幣升值，於是減少對進口的管制與降低進口關稅的稅率，成為唯一選項。一九六八年十二月，台灣的進口商品當中，管制進口和准許進口的項目分別占總項目的四一・四%和五六・七%；一九八八年十二月，前者減少為一・五%，後者增加為九八・五%。進口關稅的真實稅率也從一九七一年的一四・一%降為一九八八年的五・七%。[4]台灣對外貿易的自由化至此終於完成。

第三，由於全球化之下物暢其流，貨幣數量增加而物價不上漲，所以利率下降，使資產價格上漲，包括房地產價格和金融資產價格。因此貨幣數量與物價的關係必須重加檢討，物價膨脹（inflation）實應區別為商品價格膨脹（commodities price inflation）和資產價格膨脹（assets price

4　孫震，《台灣經濟自由化的歷程》，台北：三民書局，二〇〇三，頁九五－九七。

inflation）兩部分。

一九八八年一月十三日蔣經國先生病逝。在他主政時期台灣經濟發展的成就，最簡單的方式，可以用表4-1和圖4-1來表示。

一九七一至一九八八年，台灣GDP的平均年成長率是九．〇%。若劃分為兩個階段，則一九七一至一九八〇年的平均年成長率為九．七%，一九八一至一九八八年為八．一%。消費者物價的變動有兩個高峰，分

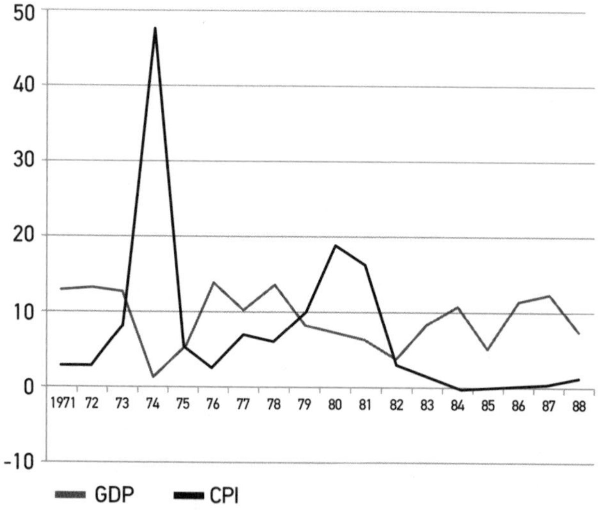

圖4-1　台灣GDP成長率與CPI上漲率（%）：1971-1988

表 4-1 台灣 GDP 成長率、失業率與物價上漲率（%）

時期	GDP 成長率	失業率	物價上漲率	
			WPI	CPI
1971	12.9	1.7	0.03	2.83
1972	13.3	1.5	4.45	3.01
1973	12.8	1.3	22.86	8.17
1974	1.2	1.5	40.58	47.47
1975	4.9	2.4	-5.08	5.24
1976	13.9	1.8	2.76	2.50
1977	10.2	1.8	2.76	7.04
1978	13.6	1.7	3.54	5.77
1979	8.2	1.3	13.82	9.75
1980	7.3	1.2	21.54	19.01
1981	6.2	1.4	7.62	16.34
1982	3.6	2.1	-0.18	2.96
1983	8.4	2.7	-1.19	1.35
1984	10.8	2.4	0.48	-0.02
1985	5.0	2.9	-2.60	-0.17
1986	11.6	2.7	-3.34	0.30
1987	12.3	2.0	-3.25	0.52
1988	7.3	1.7	-1.56	1.28

資料來源：經建會，*Taiwan Statistical Data Book*，1992。

別反映兩次能源危機所導致的物價上漲，其餘時間消費者物價堪稱平穩。

三、兩個半英雄和東亞四小龍

美國哈德遜研究所（Hudson Institute）所長、未來學家赫曼．康（Herman Kahn）認為，世界經濟發展有兩個半英雄，兩個是台灣和南韓，半個是日本。因為美國從一七七六年獨立建國到赫曼．康來東亞做研究的一九七六年，兩百年間經濟發展的成就，日本從明治維新起一百年即達到，而台灣和南韓，以過去三十年的表現來看，五十年應可達到。康特別稱道台灣和南韓能同時達成快速的經濟成長與平均的所得與財富分配，並能克服一九七〇年代的能源危機，十年之間成為完全成熟的工業經濟體（fully mature industrial economies），不久應可領先其他同樣快速成長的中所得國家，繼日本之後，完成他所說的「the Great Transition」，成為已開發富裕國家的成員。[5]赫曼．康認為，台灣、南韓和日本都屬「新儒文化」（neo-Confucian cultures）。他說經濟發展並非西方文化獨有的產物，實際上，亞洲的新儒文化比起傳統的西方文化，更有利於經濟發展。[6]赫曼．康認為，儒家倫理「創造獻身、奮發、負責與教育良好的人才，他們認同組織，對所服務的機構盡心盡力，使所有新儒社會，至少以潛力而言，比其他文化可達成更高的成長率」。他並說：「台灣努力成為中華文化和政治的繼承者，對其儒家傳統特別珍惜。」[7]

赫曼．康把東亞四個具有儒家文化背景，在一九六〇和一九七〇年代經濟發展成績優異的經濟體：台灣、南韓、香港和新加坡稱為東亞四小龍，亦稱四隻小老虎，引起世界注意，也引起若干學者對儒家文化和經濟發展的關係發生興趣。

---

5 Herman Kahn, *World Economic Development:1979 and Beyond*, Westview press, 1979, pp. 329-330.
6 Herman Kahn, *World Economic Development:1979 and Beyond*, p. 64.
7 Herman Kahn, *World Economic Development:1979 and Beyond*, pp. 122-123.

台灣自從一九五八至一九六〇年實施「改進外滙貿易方案」：將多元滙率簡化為單一滙率，並將新台幣對美元的滙率貶至四十比一具有競爭力的地位，以自由貿易的姿態拓展出口，改善貿易差額，促進經濟成長。實際上對進口仍有很多人為的管制，而且關稅稅率偏高，以限制進口保護國內產業，對出口則有融資的便利和利率優惠。李國鼎稱之為「局部自由化」（partial liberalization）政策。[8]進入一九七〇年代，由於因應國內物價膨脹，又不願調整滙率，不得不逐年減少進口管制，降低關稅稅率，取消出口優惠，漸漸走向全面自由化。

由於這種順應市場（market friendly）、漸進式自由化的發展模式，與當時西方經濟學界的主流思想接近，加以政府和學術界邀訪，一九七〇年代中期以來，來台灣訪問的國外經濟學家絡繹於途，所謂台灣經濟發展的奇蹟也因此廣為流傳。

芝加哥大學經濟學系的傅利曼教授有次訪問經濟建設委員會，當時經建會的主任委員由中央銀行總裁俞國華兼任。傅利曼在聽取中央銀行和經建會的簡報後，應俞國華之請提出建議，他說：「撤銷經建會，撤銷中央銀行。」（Abolish the Planning Council; Abolish the Central Bank.）一向不苟言笑的俞總裁笑語回應：「那我就成為一個自由人了。」（I would then become a free man.）「Free man」（自由人）和「Friedman」（傅利曼）諧音，兩人大笑。這是傅利曼一貫的主張，他也知道沒有政府會接受。

另有一次，傅利曼和幾位台灣經濟學者聊天提出問題說：「香港在一塊大石頭上養活六百萬人，為什麼人均所得比台灣高？」他接著自己回答：「因為香港經濟比台灣自由。」當場有人問他，新加坡呢？傅利曼一時躊躇，他說：「是呀，新加坡不如香港自由，為什麼人均所得更高？」

經濟自由化是以市場決定取代人為決定的發展策略；人為的決定如違反市場機制必然會引起資源誤用，使生產力降低。長期中，經濟成長是技術持續進步，使勞動生產力不斷提高的結果，而科技研發、產業結構改

8 K. T. Li, *The Evolution of Policy Behind Taiwan's Development Success*, Yale University Press, 1988.

善、社會基礎設施興建、人才培育、社會弱勢的扶助，都需要良好的公共管理，不是聽其自由、順其自然就可以做到的。特別是一九七〇年代經歷兩次世界能源危機的困難時代，更需要睿智的領導和一個有能力的團隊。蔣經國組織了一個中華民國歷史上最健強的財經內閣，在他擔任行政院長期間（一九七二年六月一日至一九七八年五月十八日），經濟部長是孫運璿，財政部長是李國鼎；一九七六年六月李國鼎轉任行政院政務委員，負責科技發展，財政部長由費驊接任，中央銀行總裁是俞國華。一九七八年五月二十日他就任中華民國總統，行政院長由孫運璿和俞國華先後出任，繼續他發展的路線。

這些自政府遷台以來，在不同職位上歷練出來的財經要員，有一個共同的特質，就是他們都具有中國傳統儒家的情懷，西方現代科學的頭腦，和幹練有效率的做事能力。他們清廉奉公，不蓄積自己的財富，沒有股票，也沒有自己的房產。一九七五年，李國鼎兼任中央研究院中美人文暨社會科學合作委員會（The China Council on Sino-American Cooperation in

Humanities and Social Sciences）的主任委員，透過美國康乃爾大學經濟系劉大中教授的關係，邀請到七位世界著名的經濟學家，包括一九七一年美國諾貝爾經濟學獎得主、哈佛大學教授顧志耐（Simon Kuznets），合寫一本書介紹台灣的經濟發展。這七位經濟學家每人來台灣考察研究一個月，除了一位農業經濟學家由農復會接待，其餘六位都由經濟設計委員會負責招待。他們在台期間，訪問的對象不盡相同，但都會去見經濟部長孫運璿和財政部長李國鼎。有一次，康乃爾大學的葛蘭生（Walter Galenson）教授，見過孫運璿和李國鼎之後回到經設會，很感慨的說：「我們美國為什麼沒有這麼好的部長！」這本書後來由康乃爾大學出版（Walter Galenson, ed., *Economic Growth and Structural Change in Taiwan, the Postwar Experience of the Republic of China*）。蔣經國主政時代是政府和學術界與產業界意見交流最暢通的時代。政府高官主動積極、傾聽意見、引進技術、創造環境，幫助產業界投資與發展。

一九六〇和一九七〇年代，台灣和南韓經濟發展的表現，在發展中國家最受矚目。一九八〇年，諾貝爾經濟學獎得主、美國賓州大學克萊恩（Lawrence Klein）教授在為劉遵義院士編著的《Models of Development》一九八六年初版所寫的序文中說，台灣和南韓有望繼日本之後，領先所有其他發展中國家，在二十世紀結束之前，跨越「發展中」（developing）和「已開發」（developed）的界線，晉入已開發的地位。[9]他在同書一九九〇年修訂擴充版改寫的序文則稱：台灣和南韓在很多經濟學家眼中，已經是已開發的經濟體。

史丹佛大學著名經濟學家賽塔夫斯基（Tibor Scitovsky）比較一九六五至一九八一年台灣和南韓時指出，世界各國的發展經驗大不相同，一九六〇至一九八〇年人均所得增加的一個亞洲國家和九個非洲國家與日本、南韓、台灣、香港和新加坡等五個亞洲國家與城市相比，其ＧＤＰ平均年成長率相差幾達七個百分點；而在這五個亞洲經濟體中，南韓和台灣不僅ＧＤＰ成長快速，而且所得分配未因而惡化，亦未出現失業的現象。說實在話，以經濟成長與所得分配平均兩個指標而言，南韓和台灣在所有發展中國家中最為成功。[10]

比較台灣和南韓的發展，台灣又較南韓為優。賽塔夫斯基指出，不僅台灣人均GDP的平均年成長率略高於南韓，所得分配比南韓更為平均，失業率也比南韓為低。一九八一年，台灣的人均GDP為二．五七〇美元，南韓為一．六九七美元，台灣領先南韓六年。此外，南韓的工時較台灣為長，如調整此一因素，則台灣的人均GDP高出南韓更多。[11]

以貨幣計算的數據，通過滙率折算，才能做國際比較。而滙率不論由於資金在國際間的流動、貿易管制或其他政府政策的操作，都不能充分反映相關國家的物價水準，因此貨幣指標的國際比較難免有一定程度的偏

---

9 Lawrence Lau ed., *Models of Development: A Comparative Study of Economic Growth in South Korea and Taiwan*, San Francisco, Institute for Contemporary Studies, 1986, pp. 12-15.

10 Lawrence Lau ed., *Models of Development: A Comparative Study of Economic Growth in South Korea and Taiwan*, the 1990 revised and expanded edition, pp. 127-128.

11 Lawrence Lau ed., *Models of Development: A Comparative Study of Economic Growth in South Korea and Taiwan*, the 1990 revised and expanded edition, p. 128.

表 4-2　平均真實年成長率之比較：台灣與南韓，1965-1981

（%）

項目	台灣	南韓
人口	2.3	1.9
就業	3.7	3.4
GNP	9.4	8.7
GDP	9.4	8.6
製造業產出	15.5	20.6
出口量	18.9	26.0
人均 GNP ＝人均 GDP	6.9	6.7
勞動生產力	5.4	5.2
製造業真實工資	7.3	7.9
人均消費	5.2	5.5

Tibor Scitovsky, 'Economic Development in Taiwan and Korea, 1965-81', in Lawrence Lau, ed., "Models of Development", Revised and Expanded Edition, 1990, p. 128.

表 4-3　所得分配 Gini 係數之比較：台灣、南韓、日本、美國與巴西

國別	1965	1970	1976
台灣	0.322[a]	0.293	0.289
南韓	0.344	0.332	0.381
日本	0.380	0.420[b]	
美國		0.362[c]	
巴西	0.520[d]	0.630	

Lawrence Lau, 1990, p. 131.

a. 1966　b. 1971　c. 1972　d. 1960

差。因此，社會指標更能反映不同國家經濟發展的程度、生活水準與經濟福利，表4-4清楚告訴我們，台灣在生命現象、預期壽命、嬰兒死亡率和食、住、行各方面，都比南韓達到更高的水準。

在這些指標中，只有汽機車普及率是路人都可以看到的情形。表中沒提到洗衣機，不過我記得一九七〇年代中期我在經設會服務時，有位外國訪客告訴我，只要看台北街頭路人的衣著，就知道洗衣機已相

表 4-4　台灣與南韓社會指標之比較

項目	台灣	南韓
預期壽命	72	65
嬰兒每千人死亡率	25	37
人均卡路里每日攝取量	2,805	2,785
人均蛋白質每日攝取量	78	69.6
人均居住空間（m^2）	15.7	9.5
家戶自來水普及率（%）	66.8	54.6
家戶電視機普及率（%）	100.4	78.6
家戶汽機車普及率（%）	108.4	5.8
人均電力耗用量（KWH）	2,131.2	918.8

Lawrence Lau, p. 138.
* 原表未注明是何年數字。

當普及；因為台灣夏季天氣炎熱，唯有洗衣機普及，兒童和勞動者才會每天衣著整潔。在台灣，南韓可能也一樣，也較難從衣著不同看出貧富的差距，用賽塔夫斯基的話說：「在一個平均化的社會，最好和一般沒有很大的差別，但在一個很不均的社會，二者則有很大的差別。」[12]

四、科技產業發展與人才的培養與延攬

蔣院長宣布十項重要建設後，又指示行政院祕書長費驊研究下一階段台灣應發展的產業。費驊和他上海交通大學同學、交通部電信總局局長方賢齊商量後，邀請另外一位上海交大同學、美國RCA研究部主任潘文淵來台獻策。潘先生來到台灣後，由方先生陪同考察台灣工業發展的情形。

一九七四年二月七日，費驊邀請了經濟部長孫運璿、交通部長高玉樹、交通部電信研究所所長康寶煌、工業技術研究院院長王兆振，以及方

賢齊和潘文淵，賓主共七人，在台北市南陽街小欣欣豆漿店舉行早餐會。潘先生在會中報告，他發現台灣的電子錶工廠和電子計算機工廠如雨後春筍發展。這些工廠都是進口「積體電路」（integrated circuit, IC）在台灣裝配，而ＩＣ是所有電子產品的核心零件。他建議以電子錶為載具，從美國引進技術，在國內研製積體電路，以積體電路為基礎發展電子工業，將勞力密集的電子工業發展為技術密集的科技產業，美國有很多華人專家，可以組成顧問委員會予以協助。與會的人都同意潘文淵的意見，而經濟部長孫運璿更為積極，希望潘先生返美後徵求旅美專家意見，再來台灣提出建議。[13]

一九七四年七月，潘文淵再度來台，在圓山飯店從七月十二日到二十

12 Lawrence Lau ed., *Models of Development: A Comparative Study of Economic Growth in South Korea and Taiwan*, the 1990 revised and expanded edition, pp. 129-130.

13 葉萬安，《台灣經濟再奮發之路：擷取過去70年發展經驗》，台北：天下文化，二〇二〇年十一月第三版，頁八三－八六。

一日「閉關」十日，撰寫他的「積體電路計畫草案」，於二十二日送交經濟部孫部長。孫部長於二十六日下午二時召開專案會議，邀集經濟、交通兩部有關官員、學者與業界代表，經過三小時討論，於下午五時結束，孫部長做出五點結論：

(1)全力推動積體電路工業發展；

(2)請潘文淵儘快在美成立電子技術顧問委員會，協助國內發展電子工業；

(3)國內事宜由方賢齊負責聯繫接洽；

(4)由工業技術研究院負責計畫執行；

(5)所需經費一千萬美元由孫部長負責籌措。

一九七四年九月一日，工研院成立電子工業發展中心，由交通部電信研究所所長康寶煌擔任主任，交通大學電子工程學系副教授兼系主任胡定華出任副主任，負責計畫執行。胡定華畢業於台灣大學電機工程學系，交通大學電子工程碩士，美國密蘇里大學（University of Missouri）電機工程博士。他在交大同時兼任半導體中心主任。由於當時無論康寶煌、王兆振或方賢齊都不是積體電路專家，所以胡定華以副主任成為這個計畫的實際負責人。他生於一九四三年，這年只有三十一歲。

十月二十六日孫部長在美國潘文淵府邀宴海外學人夫婦，組成「電子技術顧問委員會」（Technical Advisory Committee, TAC）。由潘文淵擔任召集人。潘先生為協助台灣發展積體電路，避免利益衝突，自他服務的RCA提前退休，夫人亦配合辭去在紐澤西（New Jersey）的永任教職。TAC的委員利用公餘私人時間，協助工研院技術發展工作；他們和潘先生都義務為中華民國服務，沒有一個人接受台灣的報酬。[14]

14 蘇立瑩，《也有風雨也有情，電子所二十年的軌跡》，新竹：工業技術研究院電子工業研究所，一九九四。關於潘文淵七月返國在圓山飯店草擬「積體電路計畫」的時間，根據吳淑敏，《胡定華創新行傳》，新竹：力和博創新網絡，二〇一九，頁七六、七八。我以前以為潘先生於七月二十六日將計畫草案送達孫部長，應係錯誤：孫震，〈經濟自由化、產業科技化——蔣經國時代台灣經濟的成長與轉變〉，收入《現代經濟成長與傳統儒學》，台北：三民書局，二〇一一，頁九九－一二〇。

潘文淵決定從RCA提前退休，說了一句話讓我十分感動。潘先生說：「我一生受國家教育，但沒有一天為國家服務，現在是一個很好的機會。」

一九七五年十二月，工研院經過廣泛邀請，從七家美國知名的半導體公司中，選定與RCA技術合作。合作的內容包括電路設計、晶圓製作、光罩製作、包裝、測試、應用與生產管理。這年年底，楊丁元從美國返台，加入胡定華的團隊，史欽泰和章青駒隨後歸來。他們三人都是台大電機系畢業，從美國普林斯頓大學（Princeton University）獲得電機工程博士。當時台灣的大學副教授月薪為八千八百元新台幣，工研院給楊丁元一萬四千元，不到美國的四分之一，比他在美國繳的稅還少。[15]

一九七六年三月五日，工研院與RCA簽訂《積體電路技術授權合約》。四月二十六日開始分兩批選送年輕工程師到美國RCA各地工廠接受實務訓練，第一批十九人，第二批十七人，合計三十六人，包括自美返國的楊丁元、史欽泰、章青駒在內，都由胡定華面試選定，他們當時大致都不到三十歲。後來大都成為台灣半導體產業的將帥，為台灣的科技產業發展做出重要的貢獻。我記得胡定華在工研院舉辦積體電路技術引進二十五週年的紀念會中致詞時說：「這些人現在都有了一些財富，可能到第三代也用不完，可是他們當年沒有一個人心中想到錢。」韋伯（Max Weber）在他的《基督新教倫理與資本主義精神》（*Protestant Ethic and the Spirit of Capitalism*）中說，貪得無饜是人類的天性，但並非資本主義經濟發展的原因，他並舉義大利的船夫和中國的車夫為例。是的，如果貪得可以致富，世界上怎麼會有窮人和貧窮的國家！

一九七六年七月，工研院興建積體電路示範工廠，一九七七年十月落成。孫部長在落成典禮上說：「此示範工廠之完成，象徵台灣電子工業擺脫以往裝配型態，邁向技術密集型態。」示範工廠由史欽泰擔任廠長。一九七八年二月第一批積體電路研發成功，量產三吋晶圓與七．五微米線寬的積體電路，但已具備產製四吋晶圓與三．五微米線寬積體電路的

15 吳淑敏，《胡定華創新行傳》，頁八五。

能力。

一九七九年四月，電子工業發展中心升格為電子工業研究所（Electronics Research and Service Organization, ERSO），由胡定華擔任所長。下設積體電路發展中心和電腦技術發展中心，分別由史欽泰和楊丁元擔任主任。一九七九年九月，電子所籌設聯華電子公司，移轉技術。一九八〇年五月，聯華電子公司（United Microelectronics Corporation, UMC）成立。這年行政院在新竹成立科學工業園區，聯電成為入駐園區的第一批公司。

一九八三年七月，胡定華到史丹佛大學進修，由史欽泰代理所長。這年電子所提出「超大型積體電路（Very Large Scale Integration, VLSI）計畫」（一九八三年七月到一九八八年六月），提升設計與製造能力。這個計畫雖然一波三折，遲至第二年才由政府批准，但研究工作一直在進行。一九八五年八月張忠謀出任工研院院長，不久開始籌設「台灣積體電路製造股份有限公司」（Taiwan Semiconductor Manufacture Company, TSMC）。一九八七年二月台積電由工研院衍生成立，這個計畫中的製程技術與實驗室建置大部分轉由台積電執行，其他部分仍由電子所負責完成。一九九四年完成「次微米」（Submicron）計畫，成立「世界先進積體電路股份有限公司」（Vanguard International Semiconductor Corporation, VISC）。如今台灣半導體相關公司林立，積體電路技術領先世界，逼近奈米極限，已成為世界科技產業的重鎮。[16]

二〇〇五年五月十六日，亞洲版《商業周刊》（*Business Week*）封面報導主題：「台灣為什麼重要？」（Why Taiwan Matters?）副標題是「世界經濟沒它無法運作，這就是與中國維持和平所以重要的原因」。這篇報導開頭並說：「想要找到全球經濟的隱藏中心嗎？開車走一趟台灣的中山高速公路。由此可以到達那些連接美國的廣大市場和數位化研發中心，與中國的巨大製造中心的（台灣）公司。」這裡所指的就是台灣新竹的科學

16 吳淑敏，《十里天下：史欽泰和他的開創時代》，新竹：力和博原創坊，二〇一六；《胡定華創新行傳》，新竹：力和博創新網絡，二〇一九。

工業園區。這篇報導並列舉了台灣七項科技產品市占率排名世界第一，三項產品排名世界第二。

台灣科技產業發展的成功有三個重要的條件。第一，工業技術研究院，簡稱工研院。一九七三年，經濟部孫運璿部長經過立法，將經濟部所屬的三個研究機構：聯合工業研究所、礦業研究所和金屬工業研究所，從經濟部分出，組成財團法人工業技術研究院，解除政府機關用人和薪酬的限制，使其得有較大的自由，晉用人才，從事應用科技的研發，協助提升台灣產業的技術水準。聯合工業研究所後改為化學工業研究所，礦業研究所改為能源與資源研究所，金屬工業研究所改為機械工業研究所。

一九七四年，為配合積體電路開發，成立電子工業發展中心。第一階段積體電路研製成功，從事量產後，電子中心升格電子工業研究所。後來為配合國家科技發展，成立材料工業研究所；電子所也擴大為三所，另增電腦與通信研究所與光電研究所。[17]

工研院成立之初，只有員工五百餘人，到了一九九九年十二月三十一日，增至六一二一人，其中一五%有博士學位，三九%有碩士學位。同年，獲國內外專利五三七件，移轉技術三五三件，接受一四二四家廠商或機構委託或合作開發技術一一二四項，舉辦成果展示會與技術研討會一一五二次，對二七八二七家廠商提供技術服務五八二八七項，參加工研院所舉辦的講習與接受訓練的人數有九六〇三六人。

過去二十多年，累積有一萬三千餘人離開工研院他就或深造，將近八〇%進入產業界，其中有一千八百人成為產業界的高階主管（top executives），在新竹科學園區服務的有四千三百人。[18]

17 孫震，〈台灣經濟發展的經驗與檢討〉，二〇〇六年四月十四日，北京「兩岸經貿論壇」專題報告；發表於《比較》，北京：中信出版社，二〇〇六年七月，第二十五期，頁二九－四〇。收入孫震，《現代經濟成長與傳統儒學》，台北：三民書局，二〇一一，頁七八－九八。

18 孫震，〈台灣的科技管理與產業發展〉，二〇〇〇年一月二十四日在行政院公平交易委員會演講，收入《台灣發展知識經濟之路》，台北：三民書局，二〇〇一，頁一一一－一二七。

由此可知工研院對台灣產業界服務的廣泛與貢獻的巨大。所以我常說，工研院是台灣科技產業發展的「麥加」（Mecca）。[19]

第二，新竹科學工業園區。科學工業園區（Science based industry Park）是國家科學委員會主任委員徐賢修提出的概念，徐賢修鑑於當時美國科技產業的發展，蔚成新興產業的主流，而這些新興的產業多集中於科技教學研發有成的大學附近，如加州矽谷、麻州波士頓和北卡羅來納的三角地區，又感於台灣經濟發展終需走上科技產業的道路，所以向政府建議設立科學園區，以便利科技產業的發展。一九七七年他在立法院的報告中說：

……反觀我國……，發展科技密集工業，無論就企業經驗、科技市場、工程技術人才、冒險資金，以及整套技術，準備均不夠充分。但發展科技密集工業又是非做不可的挑戰，因此政府仿照許多其他國家行之有效的做法，針對科學企業的特性，建立一個人為的適當環境，加速科技工業引進、扎根、創新的過程。

科學工業園區於一九八〇年在新竹成立，為廠商提供租金低廉的土地、完善的公共設施與各項服務、研發計畫的獎勵與補助，以及單一「政府窗口」，以排除複雜而效率低的官僚系統對投資與經營可能構成的障礙。新竹科學園區鄰近工研院與以理工著稱的清華大學與交通大學，可以提供研發和人才方面的支持。眾多科技廠商在園區中形成群聚效果，得享「外部經濟」的利益，使競爭力提升。園區並有雙語學校便利國外歸來員工子弟就學。新竹科學工業園區在政府的用心經營之下，堪稱世界上最具績效的科學園區。[20]

第三，科技顧問與全國科技會議。一九七六年六月李國鼎請辭財政部長獲准，轉任行政院政務委員。十二月行政院成立「應用科技研發小組」，由李國鼎擔任召集人，負責協調有關部會科技發展，支援國防、民

19 麥加在今沙烏地阿拉伯，是穆罕默德的出生地，穆斯林視為聖地。
20 孫震，《台灣經濟自由化的歷程》，台北：三民書局，二〇〇三，頁一四九－一五〇。

生與經濟建設；後並籌辦全國科技會議。

第一次全國科技會議於一九七八年一月召開，由蔣院長親自主持。會中選定能源、材料、資訊與自動化四項為重點科技，推動發展。一九七九年五月，頒布「科學技術發展方案」，據以延聘國外科技專家擔任行政院長科技顧問，並在行政院成立「科技顧問組」，由李國鼎擔任召集人。

一九七九年九月，李國鼎奉命赴美延攬科技顧問，並於一九八〇年一月，召開第一次外籍科技顧問會議，報告台灣經濟、產業與科技發展情形，由科技顧問提出建議。他所邀請的美籍專家包括：哈格提（Patrick Haggerty），美國德儀公司（Texas Instrument）總裁；賽馳（Frederick Seitz），美國國家科學院（Academy of Sciences）院長、洛克菲勒大學（Rockefeller University）校長；依凡斯（Bob Evens），美國ＩＢＭ副總裁等，都是世界第一等的科技專家。首席顧問初由哈格提擔任，後由賽馳接替。

第二次全國科技會議於一九八二年二月召開，由行政院長孫運璿主持。會中增選生物技術、光電科技、食品科技、肝炎防治為重點科技；並於一九八三年頒布「加強培育及延攬高級人才方案」。

一九八六年之第三次全國科技會議，增列災害防治、同步幅射、海洋科技、環保科技為重點科技，合為十二項重點科技；並研訂「國家科學技術發展長期計畫」，明訂研發經費與研發人力之量化指標。

一國的科技研發與科技產業發展需要人才。我在這裡特別想說一下，第二次全國科技會議研訂之「加強培育及延攬高級人才方案」，對台灣高等教育與科技發展的重大貢獻。台灣的教育發展配合經濟發展，循序漸進。早期重視國民教育的普及，以培養明理守紀的公民與勤勉好學的人力。一九六八年將國民教育從六年延長為九年，以提高人力素質，並減輕小學升中學的壓力。一九七一年重視職業教育，將一般高中和高級職業中學學生人數的比例從六比四轉變為三比七，以增加基層技術人力的供應，並減低中學升大學的壓力。至於高等教育的數量與科系，則參考經濟發展對不同教育水準與不同專業的需要決定。一九八三年「加強培育及延攬高級人才方案」頒布後，開始加速大學科技領域特別是研究所階段的發展，以供應科技產業發展所需的人才。

表4-5為一九八〇／八一、一九九〇／九一與一九九七／九八三個學年度台灣高等教育學府，各層級學生在學人數與畢業人數之比較。從一九八〇學年度到一九九〇學年度，大學從十六所增加為二十一所；研究生在學人數碩士生增加二一三%，博士生增加五五九%；畢業人數分別增加二三〇%與七〇九%。若以一九九七學年度與一九八〇學年度相比，則大學增加至三十九所；碩士班在學人數增加六六四%，博士班增加一五一一%；而畢業碩士生增加六二九%，博士生增加一九〇三%。

一九八〇年代以來，過去在國外絕大部分為美國深造與工作的留學生大量返國，他們和國內高等教育學府培育的英才，共同促進了台灣新興科技產業的發展。表4-6顯示，一九八〇至一九八九年和一九九〇至一九九五年返國留學生的人數分別為一四八八〇人與三二二三八人，相當於國內同時期新增加碩士與博士人數的四四．四%與五六．六%。這兩個看似很高的百分比，事實上仍然低估了返國留學生對國內科技產業發展的重要性。

表 4-5 台灣高等教育之擴充：1980/81、1990/91、1997/98 學年

項目＼學年	1980/81	1990/91	1997/98
學府			
大學	16	21	39
獨立學院	11	25	45
專科學校	77	75	52
在學學生人數			
大學	153,088	239,082	409,705
碩士生	5,633	17,635	43,025
博士生	673	4,437	10,845
專科生	183,134	315,169	439,573
應屆畢業人數			
大學	32,214	49,399	85,802
碩士	1,940	6,409	14,146
博士	64	518	1,282

資料來源：孫震，《現代經濟成長與傳統儒學》，台北：三民書局，2011，頁 140。

表 4-6 留學生返國人數及其教育結構：1980-1995

時期	返國人數	博士	碩士	其他
1980-89	14,880	2,416	11,901	563
1990-95	32,238	4,840	25,160	238
1980-95	45,118	7,256	37,061	804

資料來源：孫震，《現代經濟成長與傳統儒學》，頁 141。

因為第一，國內新獲碩士學位的學生部分繼續在國內或赴國外深造，並未進入就業市場；第二，返國留學生中獲有高級學位的人數占比更高；第三，更重要的是這些返國留學生之中，臥虎藏龍，很多返國之前在專業上已累積多年經驗，或在事業上已有很多的成就。[21]

自從一九五〇年代以來，台灣有所謂「人才外流」（brain drain）的問題。大學畢業出國深造的人數，隨著國內高等教育擴充，不斷增加。一九五〇年代每年約兩、三百人，一九六〇年代增加到兩、三千人，一九七〇年代和一九八〇年代增加到五、六千人，甚至七千餘人，很多滯留國外不歸。

在一個民主、自由的國家，人民有選擇工作與居住環境的自由，當我們把自己的學生培育到世界水準，他們就會在國際舞台上做選擇。政府應做的是在國內創造環境，讓他們願意早日歸來，發揮自己的理想，貢獻於自己的國家。科技產業發展為台灣創造了這樣的環境，使「人才外流」轉為「人力資本回流」（human capital inflow），大幅增加台灣的「人力資本存量」（human capital stock）。

五、海外華人的祖國

一九四九年國民政府敗退台灣，中國很多愛好自由、不相信共產主義的知識分子，花果飄零，寄身異域，心懷故國。台灣早期的經濟發展，不論在經濟學方面或科技方面，都得到海外華人的幫助。

一九五〇年代初期，劉大中和蔣碩傑在國際貨幣基金（ＩＭＦ）服務的時候，曾以ＩＭＦ專家的身分來台諮詢台灣的經濟發展，後經常來台，提供建言，成為政府最重要的海外經濟顧問；和他們一起尚有密西根州立大學的顧應昌、耶魯大學的費景漢，後並加入普林斯頓大學的鄒至莊和史

21 孫震，《台灣經濟自由化的歷程》，台北：三民書局，二〇〇三，頁一五一－一五四。

丹佛大學的劉遵義，合稱六院士。劉大中和蔣碩傑一向主張自由經濟，他們是影響台灣漸進經濟自由化最重要的海外經濟學家。劉大中並於一九六八年返國擔任「行政院賦稅改革委員會」主任委員；蔣碩傑於一九八一年出任「中華經濟研究院」的首任院長，一九九〇年轉任董事長。他們也是台灣與國際經濟學界建立良好關係的主要橋梁。

在科技與工程方面，一九六五年，交通部次長費驊接任台灣「中國工程師學會」（中工會）總幹事，他聯合擔任「美洲中國工程師學會」會長的好友潘文淵，於一九六六年由「中國工程師學會」與「美洲中國工程師學會」在台北舉辦第一屆「近代工程技術討論會」（Modern Engineering and Technology Seminar, METS），會期兩星期，美方參加的專家有十六人，召集人為趙曾珏、潘文淵、朱汝瑾，台灣方面的召集人為經濟部長、時任「中工會」會長的李國鼎和閻振興。胡定華在一次訪問中說：

近代工程技術討論會每兩年一屆，邀請在各個專業領域學有專精的海外學人，他們都是在美國大公司工作，像IBM、AT&T、Bell Labs，在取得機構的同意下，把他們懂得的技術和新知（較先進），儘量做到知無不言，來傳授或者是介紹給在台灣的工程師跟學生、教授們。演講之外，他們也會討論，然後做一些建議給政府，科技發展的政策建議，也是從當中出來。在電子方面來說，比較熱心的有好幾位，像交大校友趙曾珏、朱蘭成、王兆振、潘文淵、凌宏璋、羅元念等人。[22]

他們和一九七四年以來為協助台灣積體電路研製與後來半導體產業發展成立的海外技術顧問團一樣，都是以報效祖國的心情，無私無償的幫助台灣的科技發展。

22　吳淑敏，《胡定華創新行傳》，頁七四。

一九五〇年代以來，台灣推廣僑生教育，香港和東南亞的僑生大量來台接受大學和中學教育，他們返回僑居地都有很好的發展，對當地的經濟發展也有很大的貢獻。一九八四至一九九三年我擔任台大校長時期，每年都會訪問這些地區的僑生，這時候很多已經有很好的事業和社會地位，他們對中華民國和中華文化的認同與忠心令人感動。政府如能認識到這一點，對他們在台灣接受教育期間和返回各自僑居地以後有更多關懷和聯繫，相信對台灣和東南亞各國的外交和經貿關係，會有很大的幫助。

從一九七二年起，政府每年舉辦「國家建設研究會」，邀請海外學人返國與國內學術界和產業界菁英一起參加，人數大約兩百位左右。會議的形式是聽取政府機關報告、參觀國內建設，然後向行政院長提出建議。國建會的目的除了聽取應興應革的意見，作為政府施政的參考，也在於凝聚海外學人對政府的向心力，與促進參與者之間關係。參加國建會的海外學人累積增加以後，在美國各重要地區組成國建會聯誼會，每年舉辦自己的研討會，並邀請政府官員參加。

一九七一年十月二十五日，聯合國大會通過決議以中華人民共和國政府為中國唯一合法的代表，中華民國政府退出聯合國。台灣的處境風雨飄搖，民心動盪不安。在此危疑震撼的時代，蔣經國於一九七二年六月一日就任行政院長，他組織了一個廉能的政府，努力建設台灣，發揚中華文化，使台灣成為世界發展中國家經濟建設成功的典範，以及海外華人心中的祖國；我相信也啟發了鄧小平一九七八年改革開放的思想。台灣可以對大陸發展和世界發展做出更大的貢獻，然而「人亡政息」，如今只能說：「我們曾經輝煌！」

（二〇二二年四月二十三日，蔣經國國際學術交流基金會主辦「蔣經國主政時期（一九七二－一九八八）的外交、經濟與內政發展研討會」，我應邀擔任經濟組主持人，準備了相關的資料，但是並無時間詳加報告，會後整理成章，於二〇二三年一月二十日修訂完稿。）

第五章

李國鼎第六倫在台灣的發展——經濟發展社會變遷與倫理演變

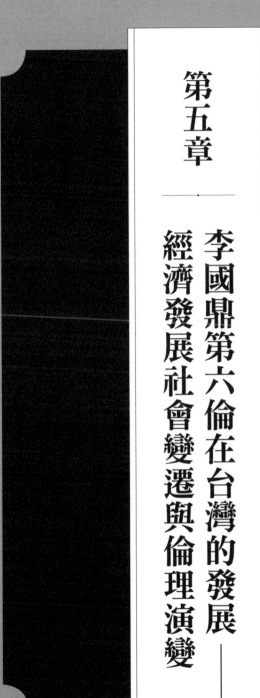

一、生平簡介

李國鼎先生一九一〇年一月二十八日出生於中國南京市，他的祖先從江西婺源遷居南京，老房子在漢西門甕城邊，緊鄰秦淮河。南京是六朝古都，鍾山龍蟠，石頭虎踞，鍾靈毓秀，孕育了李國鼎這樣一位人才，貢獻於台灣的經濟、科技與高等教育發展，被稱為「台灣經濟建設的建築師」和「科技教父」。

李國鼎一九二六年考入國立東南大學，主修物理，輔修數學，一九二八年東南大學改名為國立中央大學，一九三〇年從中央大學物理系畢業。一九三一年出任金陵女子文理學院講師，講授物理和數學。一九三四年考取中英庚子賠款公費赴英國劍橋大學進修，先後從事貝他迦瑪放射線與低溫超導研究。一九三七年日本發動對華侵略戰爭，中國對日抗戰全面開展，李國鼎放棄在劍橋大學的學業，返回中國，共赴國難。他先接受武漢大學物理系教授聘書，一九三八年捨棄武漢大學教授的地位和較高的薪資，轉任航空委員會防空學校照測總隊少校機械員、修理所所長。一九四二年進入資源委員會任職。因為資源委員會的關係，一九四八年來台，擔任台灣造船公司協理，一九五一年升任總經理。

一九五三年出任行政院經濟安定委員會工業委員會專任委員，負責一般工業。一九五八年經安會撤銷，轉任行政院美援運用委員會祕書長。美援會不僅負責美援的運用，同時也負責國家經濟建設四年計畫的擬訂；美援會的主任委員由行政院長兼任，會務由副主任委員尹仲容實際負責。李國鼎在美援會推動最重要的經濟政策就是「十九點財經改革措施」。十九點財經改革措施是由美國國際合作總署駐華共同安全分署於一九五九年提出八項財經改革建議，經納入美援會為「加速經濟發展」所擬的改革構想整合而成。李國鼎隨同嚴家淦、尹仲容向蔣中正總統報告，由嚴家淦逐條說明，蔣總統逐條同意，李國鼎做成紀錄，於一九六〇年一月經行政院通過發布。其內容包括節約消費、鼓勵儲蓄與投資、改善投資環境、扶植民營企業、促進出口、改革稅制、建立單一滙率制度、放寬貿易管制、建立中央銀行制度、健全銀行體系等，基本上是將台灣經濟從過去的管制轉向自由所需要的制度安排與經濟措施。

一九五九年十二月，行政院成立工業發展投資研究小組，由李國鼎兼任召集人。他在美援會成立任務小組，研究妨礙投資有關的法案，發現有十數個之多。如一一修法，曠日持久，於是提出「改善投資環境條例」，排除相關法令的制約，便利工業用地取得，以租稅減免的方式，獎勵儲蓄、投資與出口，由美援會委員會通過，更名為《獎勵投資條例》，報經行政院通過，於一九六〇月八月由立法院修正通過，九月公布實施。《獎勵投資條例》是「十九點財經改革措施」部分內容的具體實施，對台灣早期的投資、貿易與經濟發展發揮重大作用。

一九六五年李國鼎出任經濟部長；一九六九年轉任財政部長，原財政部長俞國華轉任中央銀行總裁，經濟部長由原交通部長孫運璿轉任，構成堅強的內閣經濟、財政與金融團隊。一九七五年來台研究台灣經濟發展的康乃爾大學經濟學家葛蘭生教授，於訪問李國鼎和孫運璿後讚歎說：「我們美國為什麼沒有這樣好的部長！」

自從一九五八年「改進外滙貿易方案」實施以來，台灣的滙率制度從複式滙率轉變為單一滙率，發展策略從進口代替轉變為出口擴張，經濟制度也從政府管制向自由開放、順應市場的方向轉變。一九六〇年代，台灣的出口大幅擴張，經濟快速成長，貿易差額從逆差縮小，於一九七〇年達成平衡。進入一九七〇年代，順差擴大，貨幣數量隨之增加，威脅物價穩定。一九七〇年代雖然歷經一九七三至一九七四年和一九七九至一九八〇年兩次能源危機，石油價格上漲，世界經濟一時出現所謂「停滯膨漲」的現象，即一方面經濟成長率下降，一方面一般物價水準上升，然而台灣經濟僅於一九七四年呈現衰退，一九七五年復甦，其後繼續成長。新台幣對美元的滙率雖然於一九七三年和一九七八年兩度調升，並於一九七八年從固定滙率制度改為浮動或變動滙率制度，當時台灣稱為「機動滙率」，然而一九七〇年代GDP的平均年成長率較前更高，經濟制度也較前更為開放。經濟成長快速，物價穩定，所得分配平均，使台灣成為世界發展中國家的典範。

美國的未來學家赫曼・康說：世界發展有兩個半英雄，兩個英雄是台灣和南韓，半個是日本。因為美國自一七七六年獨立建國，經過兩百年至一九七六年達到的經濟水平，日本從明治維新大約一百年達到，而台灣和南韓只需要五十年。赫曼・康並稱台灣、南韓、香港和新加坡為東亞四小龍或四隻小老虎，認為它們的快速發展可能與中國的新儒文化（Neo-Confucianism）有關。赫曼・康說：世界經濟發展並非只有西方資本主義一個模式，中國的新儒文化可能更為有效。[1]

一九七六年李國鼎由財政部長轉任行政院政務委員，他為行政院籌開全國科學技術會議，邀請國內外學驗俱豐的高級科技專家，擔任行政院長科技顧問，提升台灣的科技水準與高等教育水準。第一次全國科技會議於一九七八年召開，根據會議結論與各方意見，於一九七九年訂頒「科學技術發展方案」，選定能源、材料、資訊與自動化四項為重點發展科技。一九八二年舉行第二次全國科技會議，增加生物技術、光電科技、食品科技與肝炎防治為重點科技，翌年頒布「加強培育及延攬高級人才方案」；全國大學的理、工、醫、農等科技學院，在此方案支持下，得以擴充師資與設備，迅速發展研究所階段教育。一九八六年之第三次會議，研訂「國家科學技術發展長程計畫」，增列災害防治、同步幅射、海洋科技與環保科技，合計為十二項重點科技。

基本上，以人均產值長期持續增加為特質的現代經濟成長，是技術不斷進步、勞動生產力不斷提高的結果。技術進步來自知識存量（stock of knowledge），而科技研發使知識存量增加。因此長期中，科技研發與人才培育，才是經濟成長的最後來源。

李國鼎生活簡樸，全心全意為台灣的建設與發展無私奉獻。對於不是他職掌或發動的業務，也熱心參與，甚至更為熱心，不避疑猜。例如台灣

---

1 Herman Kahn, *World Economic Development:1979 and Beyond*, Westview press, Boulder, Colorado, 1979, Ch.6.

的科技產業，由孫運璿在經濟部長任內，從引進技術、研製晶片、發展資訊電子工業開始，新竹科學園區由徐賢修在國科會主任委員任內，倡議設立，他都當作自己的任務，大力推動。他不但為產業界創備有利於投資與經營的環境，協助個別企業解決問題，籌措資金，並且引進創投公司，從制度上協助初創的科技事業集資。台灣很多科技菁英因為李國鼎的號召返台創業，很多企業家至今感念李國鼎和孫運璿為工商業開拓疆域、解決問題的時代。

李國鼎先生擔任行政院政務委員十二年，於一九八八年退休，由總統府聘為資政，二〇〇一年五月三十一日安詳逝世。他一生沒有一張股票，也沒有自己的房子。

二、第六倫的倡議與爭論

一九六〇年代台灣GDP的平均年成長率達九．四％，而一九七〇年代的成長率更高，達到一〇．二％。經濟快速成長，工商業發達，人口都市化，社會開放，每個人努力追求自己的利益，缺少節制，導致對他人利益的侵犯，特別是我們不認識的個人和群體，傷害社會的和諧與秩序。

一九八一年三月十五日，李國鼎應邀在「中國社會學社」年會發表主題演講，題目是〈民國七〇年代社會學者面臨的挑戰〉。他說中國雖然是禮儀之邦，一向重視倫理，但一般所重視的是五倫之間的倫理，對於五倫之外，和我們缺少特定關係的陌生者及一般社會大眾則較少關心，甚至為了自己或和自己有特定關係者的利益，傷害其他無特定關係者的利益，而少羞愧和罪惡之感。他並說了幾個故事加以闡明。

一個是，一個美國人在台北搭計程車，看到計程車司機橫衝豎撞，不顧交通秩序，遂問：「你們中國人一向講究禮讓，走路不肯領先，吃飯不肯坐上席，你為什麼一點不讓？」計程車司機說：「我又不認識他們，為什麼要讓？」

另外一個是，兒子偷了同學的鉛筆，父親責備說：「你真讓我丟臉，我從公司拿那麼多回來，還不夠你用嗎？」

還有一個是，一個美國人在台灣住了多年，離開時有人問他：「你在台灣住了那麼久，對台灣社會有什麼觀察？可以用一句話告訴我嗎？」他說：「有關係就沒有關係，沒有關係就有關係。」

李國鼎稱個人和與其無特定關係者及一般社會大眾之間的倫理為第六倫。他說經濟成長，社會結構改變，人際關係隨之改變，個人和陌生人及一般社會大眾之間的關係日愈密切。個人追求自己的利益，如不加以節制，可能傷及陌生者及社會大眾的利益，致使社會所增加的淨利益減少，不僅不利於經濟成長，而且造成社會不安，降低社會運作的效率。他呼籲：經濟發展不僅是一種經濟建設運動，也是一種社會建設運動，必須加強第六倫，才能從傳統社會進入現代社會。

李國鼎的演講引起社會熱烈的反應，學者、專家紛紛發表意見，支持他的看法；有人進一步提出第七倫，就是個人與自然環境之間的倫理。不過他三月十五日的演講未備講稿，只有幾頁簡單的綱要，甚至第六倫的概念也是臨時起意，不在他的綱要之內。於是又於三月二十八日在《聯合報》發表〈經濟發展與倫理建設——國家現代化過程中群己關係的建立〉，對他第六倫的主張提出完整的論述。

他在文中繪圖說明五倫和第六倫的區別（見圖5-1）。

五倫指君臣、父子、兄弟、夫婦、朋友五種和我們有特定關係對象之間的倫理。其中君臣在現代社會雖然已不存在，但可用以表示公私機關上

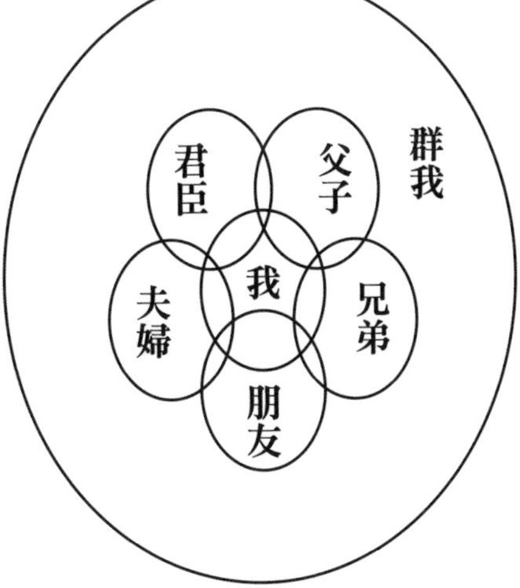

圖 5-1 五倫與第六倫的區別

司與部屬之間的關係。第六倫則是個人和與自己無五倫關係的陌生者及一般社會大眾之間的倫理。

他認為五倫屬私德範圍，適用特殊主義（particularism）規範，即僅適用於特殊對象之間的行為準則，例如父慈子孝，兄友弟恭，夫婦有愛，朋友有義，君使臣以禮，臣事君以忠；第六倫屬公德範圍，適用一般主義（universalism）規範，即對所有人普遍適用的準則。前者的優點是親切關懷，缺點是偏私、有失公義；後者的優點是公正無私，缺點是冷淡、疏遠。經濟發展使我們從熟人的世界進入生人的世界，從特殊關係進入一般關係，第六倫必須加以強調。他引故蔣中正總統的文句說：「群的生活需要容忍調和，約束自我，尊重他人，順從公意，愛護全體。」又說：「以心性修養自我，以高度的公德心來處理群己關係，並進而以推己及人的精神，為人群服務。」

他指出，過分重視五倫而第六倫不彰，可能因私害公。研究發現，重視家屬和親族之間的義務，是傳統社會貪汙發生的一個重要原因。重視五倫，忽視第六倫，使社會不易整合，國民成為「一盤散沙」。

他說，基本上，群我倫理就是我國先賢所說的忠恕之道；盡己之謂忠，推己及人之謂恕。也就是蔣故總統所說的「明分盡己」。他呼籲應從以下具體項目做起：

- 對公共財務應節儉廉潔，以消除浪費與貪汙。
- 對公共環境應維護，以消除環境汙染。
- 對公共秩序應遵守，以消除髒亂與混亂。
- 對不確定的第三者的權益，亦應善加維護與尊重。
- 對素昧平生的陌生人，也應給予公平的機會，不加以歧視。

他希望熱心公益的社會團體，扮演積極推動發揚第六倫的角色；並引用三月八日在國際扶輪社三四五區第二十一屆年會的演講說：

……呼籲現代工業社會貨物和勞務的供給者，發揮職業道德，為社會樹立規範，包括廠商不推銷不負責任的設備和儀器，不出售貨劣價昂的商品，不偷工減料，不冒用商標；建築師不設計預算不切實際的工程；醫師不開不必要的刀，不用不必要的藥；律師不做違背良心的辯護。各種同業公會和職業工會也應挺身而出，共同推動相關部分的工作。

他說，第六倫——

不是要求人人為聖賢，只是要求人人守本分；不是要求犧牲自己的利益，只是要求不侵犯別人的利益，不論此別人是與我們有特定關係的對象，抑或是陌生的社會大眾。

李國鼎的文章在《聯合報》發表之日，恰好執政的中國國民黨在台北市近郊陽明山舉行中央委員會議，黨政要員齊集中山樓。國民黨元老陳立夫先生用會場上的便條紙寫給他一封短信，大意說，第六倫已包含在儒家倫理之中，責其少讀書，故未察及。若干研究儒家思想的學者對李國鼎的第六倫也有不同的看法，唯少見公開發表。

不過陳先生和一些儒學專家所說是我國儒家的思想，李先生所說是他看到的現實社會的現象。

儒家倫理有其普遍性和特殊性。普遍性倫理適用於所有和我們識與不識的對象，特殊性倫理只適用於和我們有特定關係的對象。

子曰：「弟子入則孝，出則弟，謹而信，汎愛眾，而親仁；行有餘力，則以學文。」（《論語．學而》）

孔子說：年輕人在家應孝順父母，出外應尊敬長上，行為要謹慎，說話要算數，對所有的人都應有愛心，但應親近品德高尚之人；這一些都做到之後還有餘力，就去追求知識之學。

《論語》的這一章告訴我們兩點重要的訊息。第一點，倫理優先於知識，人品比才華更重要。第二點，倫理有差別，我們對所有識與不識的人都應有愛心，因而也有一定的義務，但對一些和我們有較親密關係的人，由於親情、恩情、愛情和友情，則有更多的愛心，因而有更多的責任和義務。孟子說：

> 楊氏為我，是無君也；墨氏兼愛，是無父也。無父無君，是禽獸也。（《孟子．滕文公》）

楊朱主張為我，是沒有國家觀念或社會觀念；墨翟主張兼愛，是沒有家庭觀念。一個沒有國家觀念或社會觀念，也沒有家庭觀念的人，就像禽獸一樣。

倫理在《論語》中稱為正名。名就是我們每個人在社會上扮演的各種角色，例如我們是父親的兒子，兒子的父親，長官的部屬，部屬的長官。正名就是扮演好自己的各種社會角色。如果每個人都能扮演好自己的社會角色，人和人之間就可以和諧相處，社會就可以安和樂利。

齊景公問政於孔子。孔子對曰：「君君，臣臣，父父，子子。」公曰：「善哉！信如君不君，臣不臣，父不父，子不子，雖有粟，吾得而食諸？」（《論語．顏淵》）

齊景公向孔子請教為政之道，也就是如何治理一個國家。孔子回答說，君要像君的樣子，臣要像臣的樣子，父親像父親的樣子，兒子像兒子的樣子。齊景公聽了說：「好啊！如果真的君不像君的樣子，臣不像臣的樣子，父親不像父親的樣子，兒子不像兒子的樣子，雖然有糧食，我能吃得到嗎？」

儒家倫理強調做人的責任和義務，而不是利益和權利。如果每個人在自己所扮演的角色上都能恰如其分，善盡自己的責任和義務，父慈子孝，兄友弟恭，夫婦有愛，朋友有義，君使臣以禮，臣事君以忠，尊重每個識與不識者的利益，甚至進一步加以善待，則在長期中，每個人的利益和權利都會得到維護。不過任何社會總會有人為了自己的利益，逾越分際，傷害他人的利益。這樣的人如果多到一定程度，就會動搖社會秩序，以致更多人爭取自己的權益，引起社會混亂，人人自危。這時只有少數最具優勢的人，才能從中獲利。因此倫理的普遍實現，除了講求教養，期待君子，尚須社會制度的支援，這個社會制度在儒家的思想體系中就是禮。

禮包括行為準則和社會誘因制度或獎懲制度兩部分；行為準則又可區分為儀式與規矩。儀式是不同情景表達心意或情感的標準化程序和形式，包括使用的器物。規矩指不同社會角色之間的分際。作為行為的準則，禮是形式，倫理是本質。本質藉形式彰顯，但形式不能逾越本質。

禮既然是倫理的形式，就應隨著社會變遷、人際關係改變而改變；禮如果僵固不變，就會成為束縛人性發展的桎梏，阻礙社會的進步。民國初年一些激進的學者認為「禮教吃人」，要「打倒孔家店」，主要就是因為禮的形式僵化，而學者又將形式視為儒家倫理的緣故。

禮作為一種社會誘因制度，其功能在於引導個人追求自己的目的，結果達到社會全體的目的。人因為有欲望而產生需要，需要的滿足產生效用（utility），效用產生價值（value）。價值有內在價值亦稱固有價值（intrinsic value）和工具價值（instrumental value）之別。固有價值就是人心最後想要得到的東西，也就是人生追求的終極目的（ultimate end）；工具價值是達到終極目的所使用的手段，因此只是中間目的（intermediate end）。人生追求幸福，而終極目的達成，或固有價值的實現，是一切幸福的來源。社會追求的目的，則是社會全體人民的幸福。

人性有利己的成分，也是利他的成分。利己之心讓我們追求財富和社會地位與名聲；利他之心讓我們追求倫理，成就完美的人格。財富是經濟價值，社會地位與名聲是社會價值。在儒家的價值系統中，倫理價值優先於經濟價值和社會價值。儒家思想產生的時代，由於缺少持續的技術進步，所以長期中只有社會總產值的增加，而無人均產值或人均所得的增加，社會追求的目的是和諧與安定，讓全民可以安和樂利，過幸福的日子。因此社會誘因制度鼓勵倫理價值，而以經濟價值和社會價值加以獎賞，以各種形式的規範加以約束，包括法律規範和社會規範。為了使價值的誘導和規範約束發揮作用，社會必須有實施的機制（enforcement mechanism），而此實施機制建立在各種社會組織之上。此一社會誘因制度可以用圖5-2表示。

如果社會誘因制度敗壞，每個人自求多福，追求自己的利益，逾越分際，倫理就會只剩下一些形式，社會的目的也就無法

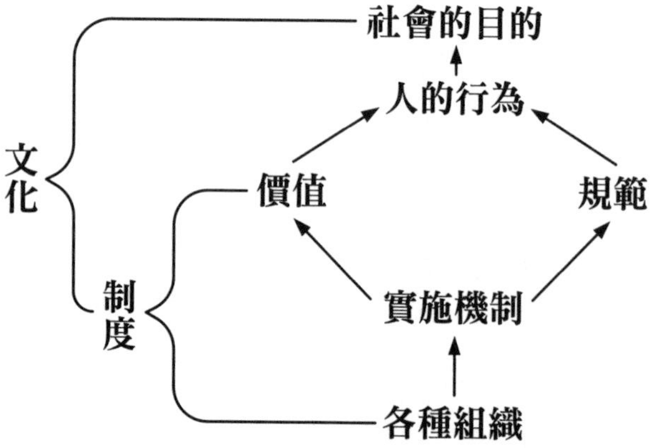

圖 5-2　社會誘因制度

達成。東漢大儒鄭玄說：

> 五霸之末，上無天子，下無方伯。善者誰賞？惡者誰罰？紀綱絕矣！（《詩譜．序》）

這就是孔子所處「禮壞樂崩」的時代。同樣的困境歷史上重複出現，告訴我們健全的社會誘因制度對維持倫理與社會穩定發展的重要性。

在滔滔者天下皆是也，社會失序、倫理敗壞的困難情形下，只有君子能維持初衷，堅守倫理，為社會保留重建禮制、復興文化的火種。君子是儒家核心倫理「仁」的化身，是孔子理想人格的典型。君子追求人格的完美與理想的實現，不是世俗的功名利祿。孔子師徒在陳絕糧，

> 從者病，莫能興。子路慍見曰：「君子亦有窮乎？」子曰：「君子固窮，小人窮斯濫矣。」（《論語．衛靈公》）

君子在窮困的時候也會堅持自己的原則，小人在窮困的時候就什麼違背倫理的事都做得出來了。孟子說：

> 無恆產而有恆心者，惟士為能。若民，則無恆產，因無恆心。苟無恆心，放辟邪侈，無不為已。及陷於罪，然後從而刑之，是罔民也。焉有仁人在位，罔民而可為也？（《孟子．梁惠王》）

沒有長久可靠的財產，而能長期維持善良的初心，只有讀聖賢書、學做君子的士才能做到。若是一般百姓，如果沒有長久可靠的財產，就沒有長期為善的決心，如果沒有長期為善的決心，那麼為了生存，不管什麼邪門歪道的壞事都做得出來。等到觸犯法律，處以刑罰，就像設下法網，讓人民陷入其中一樣。世上哪裡有仁者執政，而可以設下法網陷害人民呢？由此可知，維持社會善良風俗，需要有健全的社會誘因制度，不能只要求人民遵守倫理。

對於社會制度影響人的選擇與行為，近代蘇格蘭的哲學家亞當・史密斯和儒家有相似的看法。史密斯說，除了自己，我們最關心的是自己的家人，包括父母、子女、兄弟和姊妹，不過關心的程度不同。我們對子女的關心勝過對父母的關心，我們對子女疼愛的無微不至，也不是對父母的尊敬與感激可以相比。這是人的天性使然。大自然的情勢是，幼兒的生存全賴父母照顧，但父母的生存並非全靠子女。在大自然眼中，兒童比老人重要，也更引人關切。事實亦應如此，因為未來一切要靠今日的兒童，很少要靠老人。史密斯認為，我們和兄弟姊妹之間的關係，是基於共同生活所建立起來的情誼，和兄弟姊妹的子女以及堂表兄弟姊妹的關係更是遠了一層。

史密斯認為，父子兄弟姊妹之間的親情，只是習慣性的同情和感應，由於同住在一個屋簷下而產生，如子女遠離，兄弟分散，情感亦隨之淡薄。他不相信自然或血緣的親情，認為這只在戲劇中才會出現。

這位現代經濟學之父、被稱為資本主義的代言人說，在法規制度不足以周全保障人民安全和利益的農牧社會，同一家族的人傾向於聚居一處，以建立對外的共同防禦。他們互相依靠，彼此之間的交往多於和其他族群的交往。同一族群的成員，不論多麼疏遠，也主張有一定的關係，希望得到與一般不同的對待。進入現代商業社會，法規制度周全，足以保護所有人的利益，於是同一家族的人隨了利之所在或興之所至，散諸四方。用不了多久，彼此不僅失去關懷，也不記得原屬同一來源及其祖先之間的關係。史密斯說，文明愈發達，家族的關係愈疏遠。蘇格蘭的文明已經很發達，但尚不如英格蘭，因此親情在英格蘭比在蘇格蘭更為疏遠。

李國鼎看到的一九六〇年代和一九七〇年代，台灣經濟起飛，從傳統停滯社會進入現代成長社會，正如史密斯所處的十八世紀後期，英國工業革命展開，從農牧社會進入工商社會的時代。

三、群我倫理運動與社會信任調查

一九九一年四月十九日，李國鼎在產業界和學術界一些朋友的支持下，成立「中華民國群我倫理促進會」，聚集社會資源，以眾人之力，共同推動他十年前倡議的「第六倫」，英譯「Social Ethics」。他將群我倫理引申為我國儒家倫理的「親親」、「仁民」和「愛物」，而特別強調仁民和愛物。「親親」是儒家倫理特殊性（particularism）的部分。「仁民」和「愛物」是一般性或普遍性（universalism）的部分。「仁民」就是原始儒家核心倫理的仁，而南宋大儒朱熹將其推廣及於世間萬物，就是「愛物」。

對個人而言，群我倫理是一種「推愛」運動：「推我心，愛別人」，愛所有識與不識的個人和群體。促進會透過電視、廣播、演講和研討會廣為傳播推愛的理念。其中一個重要活動，是購買台灣電視台的黃金時段，由祕書長鄧佩瑜召集了一個寫作小組，撰寫短文，請當時的著名藝人孫越主講，每週五次於傍晚時分播出；後來出版為《孫越時間》與《孫越說愛》兩本文集。

另外一個重要活動，是製作「推愛」主題曲，由吳若權作詞，舉辦多次音樂會演出。

在工商業方面，促進會舉辦研討會、座談會和論壇，推廣企業倫理，是台灣最早提倡企業倫理的組織。李國鼎在一次演講中說：

如果企業能將誠信、尊重、關愛的群我倫理精神落實為經營理念，不以不道德的手段求效率，不以損害別人權益的方式謀利潤，必能發揮其正面的影響力。（李國鼎，〈從群我倫理到企業倫理〉，新時代經營理念研討會專題演講，一九九一年五月二十五日）

「推愛」又如亞當．史密斯倫理的公平和仁慈。史密斯說，人有利己之心，也有利他之心。我們關心自己的利益，所以產生審慎的美德；我們也關心他人的利益，所以產生公平的美德和仁慈的美德。審慎是追求自己的利益，包括財富和社會地位；公平是不減少他人的利益，仁慈是增加他人的利益。[2]史密斯說：

> 多為別人著想，少為自己著想，節制私欲，樂施仁慈，成就人性的完美。[3]

又說：

> 為人如能做到恰好的審慎、嚴格的公平與適當的仁慈，可謂人格完美矣。[4]

2 Adam, Smith, *The Theory of Moral Sentiments*, Penguin Classics, 2009, p. 308.
3 Adam, Smith, *The Theory of Moral Sentiments*, p. 31.
4 Adam, Smith, *The Theory of Moral Sentiments*, p. 280.

公平必須要求，否則就會導致衝突，引起社會不安；但仁慈只能期待，不可強求。

隨著一九六〇年代和一九七〇年代的快速經濟成長，與一九八〇年代的資產價格膨脹，台灣迅速富有，「台灣錢，淹腳目」。人民的態度日趨虛驕，行為日趨奢靡，勤勞的美德日漸喪失，社會風氣日見敗壞。加以政治民主化，社會多元化，社會規範廢弛，個人膨脹自己的意志，擴充自己的自由，衝撞社會的倫理與秩序。李國鼎有次很感傷的說：「現在五倫都沒有了，還談什麼第六倫？」

證嚴法師二〇〇五年八月二十三日在《中國時報》的一篇專論中說：

看看現在的社會風氣、媒體報導，有時候真令人膽寒，慨嘆「世風日下，人心不古」，十分無奈。尤其現代人倫道德式微，禮義廉恥觀念愈來愈淡薄，以致個人行為放縱，不知覺中多造惡業，連帶家庭、社會累積惡業。這就是一個人自心生惡，擾亂自己的家庭；人人心念生惡，則擾亂整個社會，不得安寧，人心造就共業。

二〇〇七年十月十九日報載，單國璽樞機主教罹患肺腺癌，不久於人世。但他不為自己感傷，他擔心的是社會倫理與價值錯亂，一切「向錢看」，年輕人欠缺辨別善惡是非的能力，「只要我喜歡，有什麼不可以」的心態很危險。「只要我喜歡，有什麼不可以！」是當時一句有名的廣告詞，由一位有名的女星演出。

人生活在社會之中，受社會環境的影響，在不同的社會環境中，有不同的行為模式，以追求自己的經濟利益和社會利益，這就是亞當．史密斯的審慎。然後在審慎的基礎上，推廣自己的愛心，幫助社會上其他的人，這就是儒家倫理中的仁。這個環境可稱為社會資本（social capital）。社會資本豐厚，使善良的行為受到鼓勵，產生信任，增進人際關係的和諧，降低經濟活動的成本。社會資本貧瘠，人為求自保，喪失信任，減損人際關係的和諧，提高經濟活動的成本。

二〇〇一年，群我倫理促進會在信義文化基金會周俊吉董事長贊助下，由許士軍教授主持，進行第一次台灣社會信任調查，以觀察社會對十二個不同角色或對象的信任程度；其中「社會上大部分的人」代表群我一倫中的「群」，也就是和我們沒有特定關係的一般社會大眾。理論上從傳統農業社會進入現代工商社會，隨著社會的進步，法規制度日臻健全，我們對不認識的個人和群體的信任度應提高。信任度的計算以正向計分，回答「很信任」計五分，「還算信任」計四分，「不知道」計三分，「有點不信任」計二分，「很不信任」計一分。這次調查得分最高，也就是我們最信任的對象，前五名依序為「家人」（四・七七）、「醫生」（三・七八）、「中小學老師」（三・七六）、「鄰居」（三・六二）、「總統」（三・五一），「社會上大部分的人」的信任度（二・八〇）排名第九，即倒數第四；唯尚在「政府官員」（二・六三）、「企業負責人」（二・五二）、「民意代表」（二・二九）之前。

第二次調查為二〇〇二年，其後每兩年調查一次。二〇〇八年以後停止數年，二〇一三年恢復，仍維持每兩年調查一次的頻率。調查的對象，二〇〇二年增加「基層公務員」和「新聞記者」，成為十四個。二〇二一年，將「政府官員」區分為「中央部會首長」和「縣市首長」兩項，「民意代表」區分為「立法委員」和「縣市議員」兩項，合為十六個對象。

我們如果將歷年調查結果，簡化為「信任」（包括「很信任」和「還算信任」）、「不知道」與「不信任」（包括「有點不信任」和「很不信任」）三項，按二〇二一年調查對象社會信任的百分比依序排列，則台灣歷年社會信任度之比較如表5-1。

從二〇〇一年到二〇二一年的十次社會信任調查，可以發現以下幾個重要趨勢：

(1) 幾乎所有社會角色的信任度都增加，顯示整體社會信任的提高。

(2) 信任度增加最顯著的角色：「醫生」，從二〇〇一和二〇〇二年的七七．一和七五．四，增加到二〇二一年的九〇．一；「中小學老師」，從七〇・六和七四・八，增加到八三・三；「基層公務員」，從二〇〇二和二〇〇四年的四九・五和六〇・八，增加到二〇二一年的七一・八；「警察」，從二〇〇一和二〇〇二年的四六・四和四五・五，增加到二〇二一年的七〇・七。

(3) 最值得注意的是「社會上大部分的人」，其信任度從二〇〇一和二〇〇二年的三四・一和三八・一，增加到二〇二一年的六八・〇。「社會上大部分的人」就是李國鼎第六倫，和我們沒有特定關係、也不知為何許人的陌生個人和大眾。社會全體對「社會上大部分的人」的信任顯著提高，最能反映全民素質提高與社會法規制度的日臻健全，讓我們放心去信任不認識的人，縮短和他們之間的距離，而更願「推我心，愛他人」。

(4) 比較遺憾的是最應帶領社會向上提升的「企業負責人」社會信任提升不足，以及政治人物與法官的信任甚少改善。理想的現代社會，應有廉能的政府、清明的司法，與倫理優先的企業負責人。

四、企業倫理與企業社會責任

多年來我追隨李國鼎先生推行他所倡議的第六倫或群我倫理，深感五倫之間有互惠的關係，群我之間往往只是片面的盡責，得不到社會的回饋。倫理的普遍實踐需要有良好的社會制度支持，這就是孔子的禮，至少要有亞當·史密斯的法規制度。禮使善有善報，惡有惡報，法規制度可以保障自己的權益，讓人樂於遵循倫理的要求。有鑑於此，上個世紀九〇年代，許士軍和我的努力，漸從推行群我倫理向提倡企業倫理的方向轉移。二〇〇〇年，我離開工業技術研究院到元智大學管理學院任教，講授經濟政策和企業倫理。

二〇〇四年，周俊吉董事長推出「企業倫理教育扎根計畫」，獎助大學商、管院系教師，從事企業倫理教學與研究；邀請資深企管教授組成評審委員會，我也濫竽其中。提出申請的教師經過評選給予獎金，每校以一人為限。學年結束提出個案研究報告和教學錄影各一份，另外擇優分別給

表 5-1　台灣歷年社會信任之比較

（%）

	2021 年		2019 年		2017 年		2015 年		2013 年	
	信任	不信任	信任	不信任	信任	不信任	信任	不信任	信任	不信任
家人	95.9	1.7	95.8	2.6	95.9	1.4	95.7	2.4	95.9	1.8
醫生	90.1	5.2	91.6	5.7	86.8	7.2	89.0	7.0	81.4	9.3
中小學老師	83.3	8.3	82.1	11.4	80.3	10.8	82.0	10.6	81.2	10.2
基層公務員	71.8	17.5	78.1	16.2	71.3	19.1	69.9	20.8	65.4	23.7
警察	70.7	21.9	76.5	19.9	70.0	20.8	61.3	29.5	50.4	38.3
鄰居	69.0	23.9	73.3	21.7	68.5	23.3	71.9	21.3	74.0	18.8
社會上大部分的人	68.0	23.1	68.3	26.2	63.7	26.8	64.5	27.7	64.5	26.7
總統	60.7	26.7	52.6	32.7	45.5	36.4	34.2	51.1	33.6	53.2
律師	54.7	32.9	53.9	35.8	50.8	35.4	50.0	36.8	41.3	42.6
企業負責人	52.9	32.7	48.7	39.6	46.4	38.9	40.6	45.8	48.8	35.7
法官	43.1	47.8	39.6	52.0	32.8	54.6	42.3	48.0	32.0	56.7
縣市首長	66.1	21.8	政府官員 35.5	政府官員 54.1	政府官員 26.6	政府官員 59.9	政府官員 23.1	政府官員 64.2	政府官員 21.5	政府官員 63.3
中央部會首長	51.6	33.4								
縣市議員	43.0	42.9	民意代表 35.4	民意代表 53.8	民意代表 27.6	民意代表 72.4	民意代表 26.3	民意代表 61.4	民意代表 21.7	民意代表 61.6
立法委員	36.1	50.1								
新聞記者	28.5	61.7	27.5	65.7	29.0	62.3	29.5	62.1	30.2	58.6

	2008 年		2006 年		2004 年		2002 年		2001 年	
	信任	不信任	信任	不信任	信任	不信任	信任	不信任	信任	不信任
家人	96.4	0.6	96.4	1.9	96.1	1.1	95.7	1.9	96.6	1.9
醫生	83.6	8.1	82.8	9.7	77.5	13.1	75.4	18.9	77.1	15.3
中小學老師	76.8	12.9	81.6	14.1	75.7	11.2	74.8	14.2	70.6	15.1
基層公務員	—	—	—	—	60.8	24.2	49.5	34.5	—	—
警察	45.6	41.7	45.2	42.8	50.5	38.1	45.5	43.5	46.4	43.7
鄰居	73.7	15.4	—	—	74.1	16.2	70.9	17.9	66.2	20.0
社會上大部分的人	60.5	27.9	60.3	27.0	50.6	34.7	38.1	44.8	34.1	47.3
總統	44.4	37.7	36.1	46.9	53.2	33.6	41.0	37.3	60.6	23.8
律師	42.8	37.5	41.5	40.6	—	—	—	—	31.1	39.6
企業負責人	42.5	35.0	49.0	30.3	38.6	35.6	36.0	37.4	21.6	52.4
法官	39.8	44.1	47.6	38.3	50.4	33.3	34.2	38.7	42.7	33.7
新聞記者	23.5	61.8	25.2	64.7	30.8	53.7	30.6	53.8	—	—
政府官員	27.9	56.8	25.0	59.1	33.9	50.7	19.3	61.2	33.0	51.1
民意代表	20.2	64.7	16.6	68.6	21.1	62.5	17.0	64.7	21.8	62.6

說明：「中小學老師」的題項在 2008 年為「學校老師」，「民意代表」的題項在 2008 年為「立法委員」，「企業負責人」的題項在 2001 年為「工商大老闆」，2002 年之後改為「企業負責人」。

「立法委員」與「縣市議員」的題項在 2019 年以前為「民意代表」，「中央部會首長」與「縣市首長」的題項在 2019 年以前為「政府官員」。

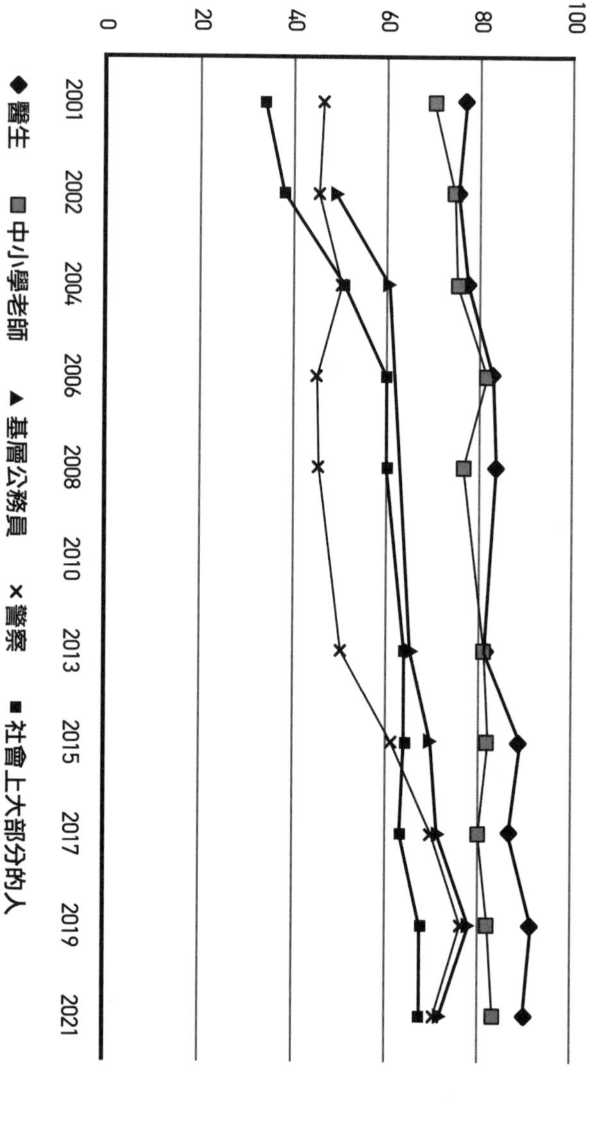

圖 5-3　台灣不同社會角色信任度之變動：信任度顯著提升的角色（%）

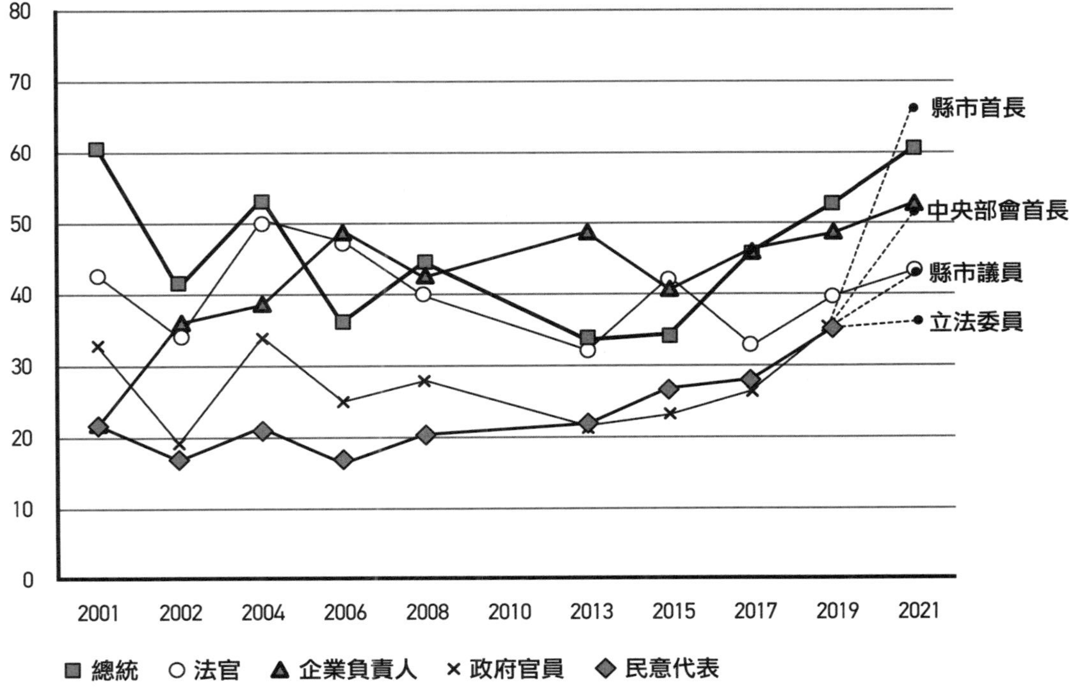

圖 5-4 台灣不同社會角色信任度之變動：信任度較少改善的角色（%）

獎。二〇〇九年，以參與「企業倫理教育扎根計畫」得獎的教師和評審委員為基礎，成立「中華企業倫理教育協進會」，作為全國大學院校企業倫理學術交流的平台，推廣企業倫理教育，充實企業倫理課程的內容，提升企業倫理教育的水準。中華企業倫理教育協進會成立以來，每年舉辦夏令營、冬令營、研討會、以及其他各種學術交流活動，如今會員遍及各大學院校，使企業倫理成為台灣商學與管理相關院系的顯學。

討論企業倫理，有幾個觀念上的問題必須先予澄清。第一、企業是從事生產以賺取利潤的營利組織，不是慈善組織或公益組織。社會有不同的組織，各有不同的社會任務。企業的社會任務是創造（經濟）價值，分享參與生產的生產因素之所有主，讓他們各有所得，包括勞動者的工資、地主的地租、提供資金者的利息，和企業擁有者的利潤。為社會創造價值，提供就業與所得，就是企業的社會責任，也是企業對社會的貢獻。我們常聽說，企業取之於社會，亦應用之於社會。然而社會並無現成的財富等待企業去取，反而是企業創造貨物與勞務，將所獲之市場價值分享社會，最後用之於社會。

第二、企業和企業的擁有者是兩類不同權利和義務的主體；企業是其擁有者用以從事生產、賺取利潤的工具或手段，手段以達成擁有者賦予的使命為目的，不應另有自己的目的。現代企業的主要形式是公司組織，公司的擁有者是股東，縱然獨資企業只有一個股東，企業本身與其唯一的擁有者，也是兩個不同的主體，各有不同的權利和義務。

第三、企業為股東賺取利潤，是股東根據自己的判斷，參與生產，承擔風險，應得的報酬，和工人的工資、地主的地租、金融機構的利息，同樣是參與生產應得的報酬，不是無功受祿、不勞而獲；何況利潤也有可能是負值。古者，陶朱公三致千金，然後分散給「貧交疏昆弟」，傳為美談。近代，美國的大富豪卡內基（Andrew Carnegie）生前捐出九〇%的財富，他說：「死有餘財，顏面無光。」（The man who dies rich, dies disgraced.）陶朱公和卡內基都是捐出自己的錢，不是捐出公司的錢，慷他人之慨。

倫理是人與人之間應維持的適當關係，以及由此引申出來人與人相處應遵守的原則；如今由於人的活動對自然環境產生重大影響，而環境變化又反過來影響人類生活，所以倫理也將人與環境的關係包含在內。企業是一種營利組織，營利組織以從事生產、賺取利潤為目的，但不能傷害他人、社會與自然環境。依據亞當・史密斯的三美德：審慎是照顧自己的利益，公平是不減少別人的利益，仁慈是增加別人的利益，則企業倫理止於公平，不及於仁慈，因為仁慈侵犯企業擁有者也就是股東的利益。

企業組織生產因素，購買中間產品從事生產。它在中間產品之上創造的價值，經濟學稱之為附加價值（added value），附加價值於支付各種生產因素的報酬後，剩餘的部分為利潤，歸於股東。它的生產效率愈高，創造的價值就愈多，對社會的貢獻就愈大，利潤率也愈高。市場機制（market mechanism）將社會稀少的資源分配給效率最高的企業，使社會有限的資源創造最大可能的價值。如果企業公平對待其所有「利害關係者」（stakeholders），包括員工、顧客、生意上下游的夥伴、所在的社區、社會和自然環境，不使任何一方受到傷害，則它所創造的價值是為社會淨增加的價值。公平使社會和諧、經濟效率、環境永續同時達到，真是簡單、平凡而偉大的機制，不是出於任何人用心和智慧的設計，但卻是由於我們的用心和智慧才發見。所以一九七六年美國諾貝爾經濟學獎得主傅利曼說：

> 企業只有一個社會責任，就是在遊戲規則的範圍內使用其資源，從事增加利潤的活動。所謂遊戲規則，就是參與公開、自由之競爭，而不欺騙做假。[5]

傅利曼此言忠實反映了亞當・史密斯《國富論》中，公開市場上的自由競

---

5 Milton Friedman, "The Social Responsibility of Business Is to Increase Its Profits," *New York Times Sunday Magazine*, Sept. 13, 1970.

爭，足以防制個人追求自利傷及交易對方的信念。不過今天有不少跨國公司規模龐大、富可敵國，常可扭曲市場公平運作的機制，必須回歸史密斯《道德情操論》中重視美德的初意，並納入對經濟活動各種「外部不經濟」（external diseconomies）的節制，以防傷及社會和環境，方能符合今日企業倫理的理想。

從經濟效率的觀點看企業倫理，如傅利曼的說法，是所謂「股票擁有者學說」（stockholders theory）。從社會公義觀點關切企業的社會責任，以保障所有利害關係者的權益，發展為「利害關係者學說」（stakeholders theory）。

所謂企業的利害關係者，包括顧客、員工、生意往來上下游的夥伴、社會與自然環境。這五種利害關係者有三種不同的屬性。顧客、員工和生意夥伴的利益，基本上受到市場價格的保障。不過產品的品質好，服務好，價格公道，有利於市場競爭。員工的福利好，工作環境好，前途看好，公司的形象好，使生產力提高，並且有助於留住與吸引優秀人才。優遇上游的供應商和下游的經銷商，使供貨便捷，市場擴大。在冰冷的價格之外，善待顧客、員工和生意上的夥伴，不僅增加人情溫暖，也有助於業績的開展。

關於社區與社會，企業創造價值，提供就業、所得與稅收，繁榮所在的社區，甚至整個社會，已是對社區和社會的貢獻。不過還應在消極方面避免產生「外部不經濟」，在積極方面創造與發揮「外部經濟」（external economies），才算善盡企業對社會的責任。經濟學的「外部性」（externalities），說的是企業活動產生的成本或利益可能一部分落在市場之外，因而未支付代價或收取費用。敗壞社會風氣，降低社會信任，傷害人民的身心健康，是企業經營的外部不經濟。改善所在地的環境，豐富社區生活，提升社會文化與人民素質，是企業所能創造的外部經濟。

企業的環境責任也屬於經濟活動「外部性」的範圍。因為環境是所謂「公共財」，無人主張所有權，所以沒有價格，因而失去價格的節制，最容易過度使用。無主的山林先被砍伐，無主的池塘先被捕撈。孟子說：

牛山之木嘗美矣，以其郊於大國也，斧斤伐之，可以為美乎？（《孟子・告子》）

孟子又說：

數罟不入洿池，魚鱉不可勝食也；斧斤以時入山林，材木不可勝用也。（《孟子・梁惠王》）

孟子可能是中國最早注意到「外部不經濟」和環境永續的思想家。過去傳統停滯時代，世界的技術水準低，生產力低，人口少，所以對資源的耗用少，對環境的破壞也小。十八世紀後半展開的工業革命，帶領世界進入現代成長時代，技術不斷進步，生產力不斷提高，人口不斷增加，導致資源耗竭，環境汙染，地球暖化，氣候異常，生態系統失序，物種滅絕，以致世界發展難以為繼。企業的環境責任在於維護永續發展，不使這一世代為了追求自己生存發展的需要，減損未來世代生存發展所賴的資源與環境。現代企業雖然為人類創造了前所未有的財富，也加速了資源的耗竭與環境的惡化，不過也最擁有資金和技術，增加資源供應與維護環境永續。

企業公益和捐贈，儘管違背企業作為營利組織，應止於公平、不及於仁慈的原則，不過仍有其正面的意義。原則上，企業行善可分為三個層次。第一個層次是單純出於公司擁有者的善意，賺了錢願意透過公司，分享社會，特別是濟貧與發展教育、獎勵人才；不過也可能為了與有力人士結緣，以期得到幫助或避免傷害，以利公司發展。

第二個層次是樹立公司的良好形象，產生廣告效果，增加公司的無形資產，有利於產品的行銷與維持有利的價格；在公司發生問題有損聲譽或傷及無辜或環境時，也容易得到社會的諒解。

第三個，也是最高的層次，是將公司行善當作經營策略（strategic philanthropy）運用，公益事業與公司經營相得益彰，互蒙其利。以下黃羊川的故事就是一個很好的例子。

黃羊川是中國甘肅省一個窮鄉僻壤之地，人口兩萬三千餘人。當地有一所職業學校，住校生早餐吃家裡帶來的饃饃配涼水，中餐吃涼麵配饃。由於學校缺少經費，學生喝不起煮沸的開水。二〇〇〇年台商英業達天津公司的總經理林光信去考察，他問校長，如果要讓學生從早到晚都能喝到開水，每週能吃到三頓帶肉的湯麵，每個月需要多少錢？校長算了算，說要兩千五百元人民幣。從此林光信每月捐贈兩千五百元人民幣，讓三百多個孩子有開水喝，有肉吃。

不過這並非長久之計。林光信說：「只給錢，給物資，是不負責任的行善。」英業達天津公司捐贈了電腦和設備給黃羊川職業學校，並派了員工培訓學校裡的老師，幫助學校架設校園區域網路，連接上網際網路。短短一年之間，讓學生看到外邊的世界，打開他們的心胸，擴大他們的視野，也透過網路交易改善了當地農民的生活。英業達的副董事長溫世仁認為一個黃羊川的力量不夠，他提出「千鄉萬才」計畫，要在西北做一千個黃羊川，培訓一萬個軟體人才；藉著數位科技，從農業社會跨越工業社會，進入資訊網路社會，發展知識經濟。二〇〇二年，他在北京成立「千鄉萬才公司」，由林光信擔任總裁，計畫在五年內投入五千萬美元，複製一千個黃羊川模式，以校領鄉，將農業社會轉化為資訊網路社會，其中有無限商機。溫世仁說，千鄉萬才計畫「始於公益，止於互利」。要以企業的精神經營，能賺錢才有能力做下去。[6]

眼前另有一個現成的例子，就是徐旭東先生領導的遠東企業集團每年贊助新北市政府，於耶誕節和農曆新年期間，在板橋市府廣場一帶，舉辦燈會活動，安排廠商進駐。入夜燈市如畫，遊人如織，附近餐飲店一位難求。公益捐贈創造商機，相信與市府廣場隔街相對的遠東子公司「大遠百」（Mega City）也會因此受惠。

6 孫震，《理當如此：企業永續經營之道》，台北市：天下文化，二〇〇四，頁一四六－一四九。

企業倫理的社會功能

企業倫理的實踐，可使企業在經營過程中，所有相關對象的權益都受到保障，故其所創造的經濟價值是社會淨增加的價值；大型企業並可對其上游的供應商和下游的經銷商做同樣的要求，甚至進一步予以協助，以擴大企業倫理的經濟效果與社會效果。唯有如此，經濟成長才能避免造成對社會和環境的傷害，世界才有可持續發展的可能。

企業倫理可以提升企業負責人的社會信任度，有助於社會信任的全面提高，減少社會疑猜，促進社會祥和。

企業倫理最重要的社會功能，在於強化倫理的社會支援體系，重建倫理優先的社會誘因制度，增進社會資本，使社會和諧、經濟成長與環境永續的理想可以同時實現。

傳統社會由於缺少持續的技術進步，尚無今日習見以人均所得持續增加為特色的經濟成長，社會重視倫理以促進社會的和諧安定，產業結構以農業為主，工商業不發達，政府擁有社會最多的資源。如果幸逢聖君，能夠有效運用，實施教化，獎善懲惡，促進善良文化，創造太平盛世，富裕民生，就會受到人民的愛戴，例如孔子最推崇的堯。文獻中的堯也可能是孔子加以理想化的明君典型。孔子說：

> 大哉，堯之為君也！巍巍乎！唯天為大，唯堯則之。蕩蕩乎！民無能名焉。巍巍乎！其有成功也；煥乎，其有文章！（《論語．泰伯》）

堯真是一位偉大的君主，他的氣宇恢宏，世上唯有天最大，唯有堯可以效法。堯照顧天下百姓，讓他們得以生存發展，正如天之作育萬物。他的恩澤廣被，人民不知用什麼話讚美。他成就的事功何其崇高。他建立的典章制度何其燦爛！

不過歷史上仍多不同程度的桀紂之君，倒行逆施，製造混亂，敗壞風氣，荼毒民生，失去政權的正當性，終於受到人民唾棄，而為新興的勢力取代。而現代民主政治，有時也會選出邪惡的政客，造成對社會的傷害。

現代社會工商業發達，經濟先進的國家，工商業的產值占國家總產值七〇%以上，三分之二以上的就業人口在工商業工作，養家活口，追求理想，成就事功，實現自我。工商業創造財富就是對社會的貢獻，所以服務社會不必一定任公職，工商業的報酬通常也高於政府部門的薪資；工商業已取代政府成為社會誘因制度最重要的部門。工商業重視倫理，用人以德，才能引領整個社會重視倫理，塑造美善的文化。

（二〇二一年十二月十一日紀念李國鼎逝世二十週年系列演講，二〇二二年二月十六日整理成章。）

國家圖書館出版品預行編目（CIP）資料

等閒識得東風面：當亞當．史密斯遇見孔子／孫震作．
-- 第一版．-- 臺北市：遠見天下文化出版股份有限公司，
2023.09
360 面；14.8×21 公分．--（社會人文；BGB562）
ISBN 978-626-355-438-2（精裝）

1. CST：史密斯（Smith, Adam, 1723-1790）
2. CST：（周）孔丘　3. CST：學術思想
4. CST：倫理學

550.1842　　112015220

社會人文 BGB562

等閒識得東風面

當亞當・史密斯遇見孔子

作者 — 孫震

總編輯 — 吳佩穎
社文館副總編輯 — 郭昕詠
副主編 — 張彤華
校對 — 賴韻如（特約）
封面及內頁設計 — 虎稿｜薛偉成（特約）
內頁排版 — 張靜怡、楊仕堯（特約）
地圖繪製 — 張德揆（特約）

出版者 — 遠見天下文化出版股份有限公司
創辦人 — 高希均、王力行
遠見・天下文化 事業群榮譽董事長 — 高希均
遠見・天下文化 事業群董事長 — 王力行
天下文化社長 — 林天來
國際事務開發部兼版權中心總監 — 潘欣
法律顧問 — 理律法律事務所陳長文律師
著作權顧問 — 魏啟翔律師
地址 — 台北市 104 松江路 93 巷 1 號 2 樓

讀者服務專線 — (02) 2662-0012 ｜傳真 — (02) 2662-0007；(02) 2662-0009
電子郵件信箱 — cwpc@cwgv.com.tw
直接郵撥帳號 — 1326703-6 號　遠見天下文化出版股份有限公司

製版廠 — 中原造像股份有限公司
印刷廠 — 中原造像股份有限公司
裝訂廠 — 中原造像股份有限公司
登記證 — 局版台業字第 2517 號
總經銷 — 大和書報圖書股份有限公司｜電話／ (02) 8990-2588
出版日期 — 2023 年 9 月 27 日第一版第 1 次印行
2023 年 11 月 1 日第一版第 2 次印行

定價 — NT 500 元
ISBN — 978-626-355-438-2
EISBN — 9786263554375（EPUB）；9786263554412（PDF）
書號 — BGB562
天下文化官網 — bookzone.cwgv.com.tw

本書如有缺頁、破損、裝訂錯誤，請寄回本公司調換。
本書僅代表作者言論，不代表本社立場。

天下文化
BELIEVE IN READING